Amal Tahir
Préfacé par Jüne Plã
(@jouissance

BIEN DANS MA TÊTE, BIEN DANS MA CULOTTE !

KiWi

Self Love
Self Love
Self Love
me
me

Ton âme aussi a besoin de jouir !

LE PLAN DU LIVRE

PRÉFACE

Bien dans ma tête, bien dans mon corps... moi, je veux bien mais je n'ai jamais trop su comment faire. J'avoue que je me suis vite découragée à aimer mon corps parce que quasi toutes mes expériences liées à celui-ci étaient problématiques. Au début, il s'agit de problèmes invisibles, parce qu'on ne naît pas avec un sens inné de la critique et de l'analyse. On sent juste qu'il y a un problème, une injustice. Mais où ? C'est en grandissant que j'ai réussi à formuler ce malaise, un peu timidement, un peu à demi-mot. Alors, quand tu te décides enfin à en parler, tu te rends compte que ce que tu vis, beaucoup d'autres le vivent. Dès lors, on a le choix : penser que c'est normal et qu'il n'y a rien à faire... ou lutter.

La parole. C'est ça qui nous sauvera. Il faut parler de ses doutes, de ses problèmes, de ce qui nous met dans l'inconfort. Alors parlons des mycoses et cystites à répétition, des syndromes prémenstruels et des envies de suicide, des culottes qui coûtent une blinde, tachées de sang indélébile, d'endométriose que peu de toubibs prennent au sérieux, de la contraception et de son lot d'hormones qui te font du mal d'une manière ou d'une autre, de la thune que tu passes à acheter des tampons, serviettes, cup, bouillottes, dolipranes et compagnie, des grossesses non désirées parce qu'un boulet n'a pas eu envie de mettre une capote et pas compris non plus qu'on ne doit pas éjaculer dans les gens quand on les connaît à peine et qu'on ne sait pas si iels sont sous contraceptif (ça sent le vécu ?), des avortements au planning familial avec ta pote qui te tient la main, de la douleur et la tristesse que cela engendre ; des gynécos pas super à l'écoute, des frottis froids et intrusifs et des « détendez-vous ! » pas du tout relaxants, des remarques déplacées des médecins sur ton orientation sexuelle ou sur ton genre.

Et ce n'est pas tout, si t'es une personne trans, tu vas avoir droit à des violences toutes particulières et à des remarques tellement immondes, parfois même venant de celles et ceux qui sont censé·e·s être dans ton camp. Je ne parle même pas de la difficulté à trouver des psychiatres non jugeant·e·s afin d'être redirigé·e vers un·e endocrinologue non-jugeant·e qui te prescrira enfin de la testostérone ou des œstrogènes, des mutilations que subissent les bébés intersexes pour que leurs parties génitales ressemblent à une vulve ou un pénis basique. Et puis quand t'es handi·e, t'es juste désexualisé·e, donc les toubibs ne vont pas s'imaginer que si t'as mal au bide, c'est à cause de ton utérus. On te diagnostiquera plutôt une appendicite à la va-vite. Continuons. Parlons de l'avis personnel et non désiré du·de la professionnel·le de santé sur ton choix ferme de ne pas vouloir d'enfant, des accouchements médicalisés et pas toujours adaptés à nos besoins ni à celui de·s l'enfant·s, du « point du mari » (mais LOL !), des séances de rééducation périnéale, tout·e seul·e dans une cabine à jouer au tétris avec ta chatte (et vl'à ti pas que maintenant je me pisse dessus quand je fais du trampoline)...

Bon, inutile de préciser que cette liste est loin d'être exhaustive... Bref ! Ça fait deux ans que je devrais aller faire un frottis et cette idée me rend malade parce que je sais d'expérience que ma gynéco ne va pas attendre que je sois prête ou simplement me proposer d'insérer le spéculum moi-même. Des professionnel·le·s de la santé, il y en a à la pelle, mais ce n'est vraiment pas facile de trouver celui ou celle qui sera simplement humain·e et à l'écoute. Il faut se passer le mot et s'entraider. Tu as trouvé une perle ? Donne-nous l'adresse. Tu t'es senti·e maltraité·e ? Préviens-nous.

Quand j'ai découvert le compte Instagram d'Amal @inside.women, je me suis tout de suite sentie écoutée et rassurée par les solutions qu'elle proposait et les réflexions sur les maltraitances dans le milieu médical, les solutions pour s'auto-diagnostiquer, pour éviter certains traitements nocifs. Bien entendu, il ne s'agit pas de rejeter la science et les médecins, mais de suggérer des alternatives pour être plus à l'écoute de notre corps et, pourquoi pas, développer de nouvelles habitudes plus adaptées à nos besoins.

J'ai été étonnée de voir une telle assurance en elle. Elle prône le *body positive*, et j'en suis tellement loin... Nous avons besoin de plus de personnes comme elle. Nous avons besoin de bienveillance, d'écoute et de douceur. Nous avons besoin de comprendre que notre corps est une chance et qu'il faut le choyer. Nous avons besoin de nous respecter et de nous faire respecter. Nous sommes nombreux·ses, nous avons une voix, de la puissance et la volonté de s'entraider. Et non, je ne suis pas ivre. Mais je dois vous le dire, je nous trouve magnifiques avec toutes nos imperfections, je nous trouve puissant·e·s et bien plus capables que ce qu'on a bien voulu nous faire croire.

Ahlala que je nous aime !

Jüne

Self Love
me

AVANT-PROPOS

Je suis créatrice de contenu sur Instagram, YouTube et blog sur le compte **@inside.women**, un compte axé sur l'éducation gynécologique et obstétricale du corps. Pourquoi ? Parce que je suis étudiante sage-femme et qu'une fois que j'ai mis les pieds dans le monde de la gynécologie et de l'obstétrique, j'ai ressenti le besoin d'aller plus loin. Je suis passée de la petite stagiaire qui se révolte contre un gynécologue et qui pleure dans les toilettes — car elle ne comprend pas pourquoi le monde médical peut être aussi froid — à la fille qui en parle en story devant 40 000 personnes... Et ça fait un bien fou. **J'éduque les personnes de tout âge à tout connaître sur le corps et ce qu'il se trame à l'intérieur** : le vagin, l'utérus, le clitoris, la contraception, les règles, le syndrome prémenstruel et plein d'autres thèmes noyés dans la grotte des « sujets tabous »... comme certaines pathologies gynécologiques. Tous ces thèmes sont scientifiquement abordés sur mon compte Instagram, toujours sous l'angle du **féminisme**, du **self-love** et de la **confiance en soi**. J'entreprends, avec les personnes qui me suivent, le passionnant mais tumultueux chemin de l'amour de soi.

Pour déconstruire les nombreux stéréotypes installés dans les consciences des personnes qui me lisent et m'écoutent, **je pointe du doigt** les personnes influentes, dans les médias ou sur les réseaux sociaux, qui complexent inlassablement les femmes, **je pointe du doigt** ces publicités mensongères qui projettent un idéal scandaleux et bien éloigné de nos réalités, **je pointe du doigt** ces produits qui mettent en danger notre santé au nom d'un impératif de rentabilité indécent, **je pointe du doigt** ces crèmes anti-vergetures qui ne fonctionnent pas : ces entreprises qui se remplissent les poches grâce aux maux de consommateur·rice·s méprisé·e·s.

Dans ce livre, je les pointe encore plus, mais vous, les personnes de **la vraie vie**, je vous prends dans mes bras : je ne veux plus que vous éprouviez du dégoût lorsque vous vous regardez dans le miroir, je ne veux plus vous voir mettre des hauts extra-larges pour cacher vos bourrelets ou pour dissimuler votre minceur, je ne veux plus que vous vous sentiez obligé·e·s d'éteindre la lumière pour faire l'amour.

Sachez que dans ce livre, j'ai *le seum*. Contre qui ? La société, les stéréotypes, la charge mentale renversée sur les femmes. Le manque d'éducation qui gangrène notre monde et les conséquences que cela a sur notre existence, nous qui essayons simplement de vivre notre vie en 2020. Notre chemin est entravé par la société, les réseaux sociaux et j'en passe. J'ai décidé d'écrire ce livre pour que les femmes puissent comprendre le lien entre leur bien-être cérébral et celui dans leur culotte. Ce lien est extrêmement fin ; l'un ne va pas sans l'autre. Mon titre aurait pu être plus long : *Bien dans ma tête, bien dans ma culotte, bien dans ma peau, bien dans mon travail, dans ma passion*, etc. L'expression **« bien dans ma tête »** peut paraître banale ou facile mais, en réalité, elle est plus profonde. Le chemin est finalement long pour accéder à un **épanouissement intérieur** permettant de vivre sa vie pleinement.

Ceci étant dit : je ne suis pas le genre de personne qui invite les autres à croire que tout ira toujours bien, qu'il faut sourire quoi qu'il arrive… Je suis plutôt du type badass réaliste : **oui, parfois, ça ne va pas.** Parfois, tu essayes un pantalon taille 38 et il ne te va pas. Parfois, il est trop petit. Parfois, il est trop grand. Et ça te fait chier. Parfois, tu ne jouis pas quand tu fais l'amour. Parfois, un traumatisme te persécute sous les draps et dans la vie de tous les jours. La réalité peut être dévastatrice mais, au lieu de la rejeter, j'ai personnellement décidé de prendre ces émotions négatives pour en faire autre chose : c'est ce qui m'aide à me construire et à me reconstruire chaque jour.

Si je ne suis pas d'humeur, je ne suis pas d'humeur : être bien dans sa peau, c'est assumer toutes ses émotions. Alors, oui, tu as peut-être passé une journée de merde… mais elle est passée ! Tu as survécu à cette journée.

Tu es un·e badass.

Je précise que nous, la nouvelle vague sur les réseaux, nous prenons la parole pour vous, mais cela ne signifie pas que nous avons résolu tous nos problèmes, on le fait avec vous, pour vous, contre celles et ceux qui ont décidé qu'elles·ils avaient leur mot à dire sur nos vies, nos corps et nos consciences.

Dans cet ouvrage, j'ai souhaité m'adresser à toutes les femmes. Le mot "femme", quand il est employé, se rapporte à toutes les personnes qui ont décidé d'être femme. J'emplois parfois ce terme pour décrire ce que nous vivons en tant que femmes car c'est mon expérience et ma réalité. Je parle sinon de « personnes ayant un vagin » pour toute personne ayant un vagin ne se considérant pas comme une femme. **Tu l'auras compris, j'ai fait de mon mieux pour que ce livre soit 100 % inclusif et j'espère que tu le ressentiras ainsi… Bonne lecture, ma lune !**

Self Love
me
Self Love
me

BIEN DANS MA TÊTE

Chapitre 1
RELATION TOXIQUE avec mon corps

LA PIRE DES RUPTURES

Parlons de l'endroit où je passe la plupart de mon temps. Non, ce ne sont pas les couloirs de l'université, ni ma chambre, ce n'est pas non plus mon bureau… *c'est mon corps*. On a tendance à l'oublier : tiraillé·e·s par les problèmes quotidiens, le travail, les études, les courses, nous avons cette fâcheuse manie d'oublier que l'endroit où nous sommes constamment est **notre corps**, notre temple à nous, notre véritable maison. Dans la société actuelle, nous avons constamment l'impression d'avoir une certaine image de soi à renvoyer, et généralement la plus parfaite possible, surtout en tant que *femme*, on se dit souvent : « J'ai un entretien, il faut que je sois super élégante » ; « J'ai un premier *date* avec une bombe, faut que je sois super fraîche » ; « J'ai un dîner, comment je vais m'habiller ? » Nous sommes constamment obsédé·e·s par notre image au point de délaisser l'importance du *bien-être* dans notre corps. **Nous vivons plus dans notre image que dans notre corps.** Alors que si tu te sens bien dans ton propre corps, le reste suivra. C'est promis.

Je vais te raconter mon histoire avec lui, parce que ça n'a pas toujours été facile, et je sais que beaucoup de personnes vont se reconnaître dans mon récit, dans mes complexes et je suis consciente du bien que cela procure de se sentir moins seul·e, se sentir compris·e par les mots des autres, par les *maux* d'autrui, aussi. Ainsi, ces complexes qui font un horrible bruit assourdissant dans ta tête se font plus silencieux pendant un instant. Tu as l'impression que quelqu'un·e te tient la main très fort pour te rassurer ; c'est le cas. Je tiens la main de toutes ces femmes, ces personnes souffrant dans leur corps, manipulées par les stéréotypes et aveuglées par leurs complexes. Elles vivent finalement plus dans leurs complexes que dans leurs corps, finissant par haïr des parties d'elles-mêmes. En parler est important pour moi, cela me permet également de ne pas en faire une honte, car le fait d'avoir détruit mon corps ou mon mental à cause de la société n'est en aucun cas ma faute : **ce n'est pas à moi d'avoir honte**. Mon corps et moi avons souvent connu des bas. Nous avons même arrêté de ne faire qu'un alors qu'il est primordial que ton mental et ton physique ne fassent qu'un pour te sentir en harmonie et expérimenter l'épanouissement personnel. Il est alarmant que notre mental ne suive plus notre corps, qu'il le rejette. C'est **la pire rupture** possible pour notre bien-être. Pour ma part, je l'ai délaissé, je lui ai fait du mal, je l'ai même insulté, je ne voulais plus le regarder, l'habiller était *une torture*.

Nous pouvons entretenir plusieurs sortes de relations avec notre corps et j'ai longtemps été dans une *relation toxique* avec ce dernier. Dans la vie, tu entendras généralement parler de ce type de relation toxique dans le cadre d'une relation entre deux personnes définie comme : étouffante, malsaine, destructrice. Je t'annonce que **nous pouvons bel et bien avoir une relation toxique avec nous-mêmes**. Cela m'attriste car, lorsque je me suis rendu compte que j'entretenais ce type de relation avec mon propre temple, cela m'a fait un choc. Je suis tombée des nues, mais ça m'a également fait du bien car j'ai alors réalisé mes torts. J'ai compris que **nos bases n'étaient pas solides** : et nous savons que lorsque nous arrivons à déterminer la source du problème, la solution est beaucoup plus facile à trouver, car là où il y a un problème, il y a toujours une solution. Garde ça en tête à chaque fois que tu te retrouves face à un problème, quelle que soit sa nature : il faut toujours se dire que tout problème a une solution et que tu es assez fort·e pour la trouver.

DES RACINES DANS L'ENFANCE

Il faut savoir que je n'ai jamais été la bombe du lycée, la fille confiante… loin de moi l'idée d'un bien-être constant dans les couloirs de l'école. Je suis née en Italie et allais à l'école près de Venise. Clairement, j'étais différente des autres : mon teint bronzé, mes cheveux bouclés, mes yeux noisette ne parlaient pas beaucoup à tous ces enfants. La diversité de cultures et de corps au tout début des années 2000 était encore un énorme problème sociétal. À cette époque, les sources d'influence, c'étaient Britney Spears ou encore Barbie. Leur point commun ? Elles étaient minces et blondes. Il fallait être comme ça, point. Il existait un seul type de « belle fille », et ces stéréotypes étaient déjà bien implantés chez les enfants. Est-il possible que, même en étant petit·e·s, on nous inculque déjà ce concept de beauté, stéréotypes et perfectionnisme ? Bien évidemment. Tout part de l'enfance. C'est comme le consentement : ça s'apprend. Cela peut sembler extrême, mais si on apprenait aux enfants cette notion, notre réalité serait différente. Tu sais, quand un·e adulte s'exclame : « Oh, il·elle est trop mignon·ne, je peux l'embrasser ? » Le ou la parent·e devrait répondre : « Je lui demande : tu es d'accord pour que la personne te fasse un bisou ? » Même chose quand un·e enfant ne veut pas embrasser un·e inconnu·e et entend : « Allez, fais un bisou, allez chéri·e ! » C'est un·e enfant, si il ou elle n'a pas envie, il ne faut pas forcer.

Petite, je pleurais souvent, j'étais une enfant hypersensible, je me sentais différente et seule, ce qui a eu des gros impacts sur ma vie affective, même aujourd'hui : j'ai du mal à faire confiance et témoigne d'une grande contradiction dans mon caractère... Je suis sociable, mais je n'aime pas spécialement rencontrer de nouvelles personnes dans ma vie privée : je porte des séquelles des blessures du passé. Je pense que quand on a été traumatisé·e et/ou harcelé·e par des personnes, on développe une sorte de méfiance généralisée. Avant de démarrer ma nouvelle construction — et avant ça, ma déconstruction — il y a un an de cela, j'avais toujours peur de l'avis ou du regard des autres, je craignais constamment que les gens ne m'aiment pas. Aujourd'hui, tout ça, c'est poubelle : je me moque clairement d'être appréciée, je ne recherche plus la validation des autres. L'hypersensibilité apparaît comme une faiblesse dans notre société car oui, **nous ne sommes pas simplement victimes de stéréotypes physiques mais également de stéréotypes mentaux** : les filles « fraîches » sont fortes, elles ne pleurent jamais, c'est elles qui décident de la rupture et elles restent au top après la séparation. Vraiment ?

HYPERSENSIBLE ET ALORS ?

Il est frustrant d'être sensible dans cette société. Sache, avant toute chose, que le fait d'être hypersensible ne t'empêche pas d'être une personne forte ; la force et la sensibilité sont justement, selon moi, des caractéristiques qui vont ensemble. D'ailleurs, **tous les traits de caractère vont ensemble** : il n'y a pas de règles dans la personnalité. Les êtres humains sont une sublime contradiction.

C'est magique d'observer le comportement des gens et de se rendre compte que nos caractères sont compliqués à définir : c'est ça qui est beau. N'essaye pas de rentrer dans des cases bien définies : **sois toi !** Avec tes contradictions comportementales, celles mêmes qui font ta beauté intérieure. Sache qu'il faut aller chercher au fond de soi une force phénoménale pour faire tomber ton masque sociétal et **assumer devant tout le monde ce que tu ressens sans agir comme eux ou elles le voudraient.** Sois toi.

Toi, avec tes larmes fortes car, oui, tes larmes ont cet arrière-goût de force, tu as le droit de pleurer, tu n'es pas obligé·e de jouer les badass après une rupture, tu peux être triste ou ne pas l'être si ça te va. Tu dois apprendre à assumer tes sentiments. Ces mots sont écrits par une femme qui a longtemps eu à porter son masque de « fille qui ne pleure jamais » tout en essayant de s'en débarrasser. Il est important pour moi, dans ce chapitre où je te parle de mon corps, d'aborder également mon mental car il est impossible d'évoquer l'un sans l'autre. Mon corps va de pair avec mon mental, ils sont mariés et s'ils divorcent, je le sentirai, parce que pendant mon adolescence, ils se sont séparés et cela m'a impactée.

QUAND LE CORPS ÉPOUSE L'ÉMOTION

Retour sur mon enfance : étant donné que les autres enfants ne m'aimaient pas spécialement, je ne m'aimais pas non plus. C'est stupide, mais on a tendance, étant enfant et même adulte, à *s'approprier l'avis des autres*, l'absorber jusqu'à ce que leurs propos deviennent notre réalité, Et ça, c'est le début de *la destruction de la confiance en soi.* J'ai déménagé en Belgique et là, comme je me sentais perdue, j'ai noyé ma solitude dans la nourriture. Déménager n'a rien d'évident, surtout en pleine adolescence. Nous ressentons parfois le besoin de nous consoler dans la nourriture, d'y chercher ce que nous ne trouvons pas chez les autres ou chez nous. C'est une façon de s'exprimer.

Compenser une émotion par la nourriture n'est pas négatif en soi. Quand tu as tes règles, tu peux trouver du réconfort dans une grosse tablette de chocolat et ça te fera du bien : ça peut être une façon d'extérioriser la douleur. Le problème apparaît lorsque cela devient systématique : manger pour étouffer des émotions ou combler un vide. J'ai atteint un poids élevé en quelques mois : jusqu'à devenir obèse. Les moqueries, les regards méprisants et le harcèlement ont commencé. Honnêtement, je ne me sentais pas spécialement mal dans mon corps, mes rondeurs ne me dérangeaient pas. Mais **la société est grossophobe.** Oui, grossophobe. C'est clairement un problème de fond : « Les gros·ses ne savent rien faire, ils·elles ne font que manger, ils·elles devraient aller au sport, ils·elles vont exploser en continuant ainsi ! » Il faut comprendre un fait extrêmement simple : *toutes les personnes minces ne sont pas en bonne santé et toutes les personnes grosses ne sont pas en mauvaise santé*. On a tous·tes cet·te ami·e qui dit souvent : « J'ai beau manger ce que je veux : McDo, grec, chocolat, bonbons... et je ne grossis jamais ! » À ton avis, cette personne est-elle en bonne santé physique ? Non. Le poids ne donne aucun indicateur fiable sur la santé d'un·e individu·e. Nous évoluons également dans une société **« magrophobe »** : les personnes *skinny* sont mal vues : « Mais tu n'as aucune forme ! » ; « Tu manges, parfois ? » Gros·se ou maigre, on n'est jamais assez bien... donc autant arrêter de se prendre la tête, non ?

À cette époque, je n'en pouvais plus. J'étais très claire : il me fallait un régime, mais j'ai mal géré la situation... J'étais tellement impliquée dans mon régime que je m'en voulais du simple fait de manger, du coup, je me faisais vomir quand j'avais cette sensation de regret. Je suis tombée dans une *boulimie vomitive*, j'ai commencé à me faire vomir jusqu'à neuf fois par jour, pour toute sorte de nourriture : une pomme, un repas, un thé... j'avais besoin de tout sortir. Je laissais clairement mon âme dans les toilettes. Je pense qu'inconsciemment, je vomissais mon dégoût du monde, de **cette société où la beauté prime**. Mon entourage s'est vite aperçu des bouts de salade qui flottaient dans les toilettes, de la musique dans la salle de bain : on m'a alors interdit de me faire vomir. J'ai donc créé une nouvelle technique : si je ne pouvais pas me faire vomir, j'allais alors arrêter de manger. Je jeûnais pendant des heures et des heures, buvais des litres et des litres d'eau par jour. Alors oui, je maigrissais, mais je me scrutais également dans le miroir pendant des heures, je me comparais aux autres, me demandant si quand j'étais assise sur une chaise, je la remplissais. Je me dégoûtais, pleurais dans les cabines d'essayage. Aujourd'hui, j'ai encore un réel problème avec le fait d'essayer des vêtements dans une cabine d'essayage : ces lumières et ces miroirs sont terriblement mal conçus, on est d'accord ?

Le temps passant, je suis descendue à 54 kilos mais ce n'était pas suffisant. Manger était une torture. J'ai fini par faire un séjour à l'hôpital à cause de mon *anorexie mentale*. Comment je me suis débarrassée de ça ? La photographie. Cet art m'a permis de m'exprimer en me libérant de mes démons. En 2012, j'ai commencé à prendre des photos dans le cadre de shootings dédiés aux troubles alimentaires. J'ai ainsi réalisé la gravité de cette pathologie et, à l'époque, je souhaitais déjà sensibiliser les personnes autour de moi. Les photos étaient intenses, terriblement intenses. Je dirais même que ça faisait peur. Les émotions qui en ressortaient étaient indescriptibles, si fortes. Les espaces confinés que j'utilisais pour mes photos montraient à quel point ces personnes se sentaient à l'étroit dans leur corps. Et c'était exactement ce que je ressentais : la sensation d'être dans une salle remplie de monde mais de me sentir plus seule que jamais. C'était pareil pour mon corps. Un corps qui était présent, vivant, mais au sein duquel je me sentais étouffée. Je manquais d'air.

Mes complexes et moi

UNE QUESTION D'ÉQUILIBRE

Quelques mois plus tard, je mangeais correctement, ma relation avec la nourriture semblait s'améliorer... enfin, c'est ce que je croyais. Deux années étaient passées et j'avais repris du poids. Je me sentais en forme, plus ou moins à nouveau à 90 kilos qui ne se voyaient pas spécialement car je m'étais activement mise au sport, notamment à la natation. Cela dit, j'avais recommencé à manger des chips, du chocolat, beaucoup trop et, à nouveau, sans limites. Je cherchais à nouveau à remplir un vide en moi. Mon corps vivait ce constant effet yo-yo et c'est ce qu'il y a de pire pour lui. Je sais que beaucoup vivent constamment cet ascenseur du poids : en prendre, en reperdre, en prendre à nouveau... le cercle infernal. C'est une réelle souffrance pour le corps. Même chose pour les régimes : il est temps de se mettre d'accord sur la définition de ce mot. Peut-être que tu penses qu'il s'agit d'un synonyme de « perdre du poids » mais cela décrit simplement « une façon de manger ».

Tu connais peut-être, par exemple, le « régime végétarien » ou le « régime sans gluten », etc. Quant à l'expression « rééquilibrage alimentaire », elle signifie simplement : « On en avait marre que les gens tombent dans des troubles alimentaires, du coup, on a inventé un mot plus cool. » J'aimerais plutôt employer l'expression **alimentation intuitive ou positive**. C'est quelque chose que notre société a du mal à accepter : tu peux très bien manger une salade un jour et, le lendemain, une tablette de chocolat. Tu n'as pas nécessairement à choisir un mode de vie... Quand j'ai compris ça, je me suis sentie libérée. Au niveau alimentaire, tout allait bien, mais psychologiquement, c'était plus instable. J'ai conservé des séquelles au niveau de ma relation avec mon corps : c'est comme se remettre avec un ex après une grosse rupture... ce n'est jamais comme avant. Il y avait eu une énorme cassure, et la société qui m'entourait ne m'aidait pas du tout.

LE DROIT D'ÊTRE SOI

C'est pour cela que dans ce livre, je souhaite faire comprendre aux femmes que nous avons le droit d'être nous-mêmes, sans concessions, sans conditions. Sur les réseaux sociaux, les femmes se livrent à des retouches pour incarner ce qu'on attend d'elles. Les marques qui pactisent avec ces mannequins nous mentent. Aimer nos défauts pour ce qu'ils sont suppose d'arpenter un long chemin, mais on peut tous·tes y arriver. Le regard des autres n'est pas un miroir, ni notre réalité : à nous de construire notre réalité et de nous y assumer. Cessons de nous comparer les un·e·s aux autres, constamment : à la copine, à la nouvelle petite amie, à la sœur, à notre influenceuse préférée... Cela joue de mauvais tours à notre cerveau tout en impactant notre confiance en nous. Même inconsciemment, voir certaines photos défiler sur ton fil d'actualités peut profondément perturber ton schéma corporel.

FAT
FOOD

Ceux-ci sont tous de bons aliments, no stress !

HEALTHY
FOOD

Chapitre 2
LA FAMEUSE ZONE de confort

☾ ♥ ☽

LA CONFIANCE EN SOI 2.0

Si, dans le chapitre précédent, je me suis livrée au sujet de *ma relation toxique avec mon corps*, c'est pour te donner de l'espoir, car même si je reviens de loin avec mes troubles du comportement alimentaire, j'ai réussi à trouver **le chemin de l'acceptation de mon esprit et de mon corps**. Un, deux, trois, trois cents, cinq milles, deux millions... Impossible de connaître le nombre de personnes qui sont passées par une relation toxique avec leur corps, avec ou sans traumatismes. Le point commun de toutes ces personnes est qu'elles se sont toutes soumises au *scanner de la société*. Beaucoup de personnes passent par ces phases où elles se détestent, elles n'arrivent plus à supporter leur reflet dans la glace. Je suis persuadée que beaucoup d'entre elles se sont trouvé *une zone de confort*. C'est-à-dire une somme d'astuces et mécanismes qui vont les aider à masquer leurs « défauts » ou encore des choses qui vont leur faire du bien mais *pour de faux*. J'aime appeler ce phénomène **« la confiance en soi 2·0 »** parce qu'il s'agit, selon moi, d'une sorte de couverture ou encore d'un cadeau empoisonné que l'on peut se faire en prétendant nous sentir bien dans notre peau, mais uniquement quand les bonnes conditions sont réunies... donc pas de manière inconditionnelle !

Les éléments que je vais énumérer composent cette fameuse zone de confort. Ils ne sont pas « mauvais » en soi et je ne les pointe pas du doigt. Je t'encourage simplement à reprendre le contrôle sur tous ces points car lorsqu'ils deviennent des addictions, tu peux te heurter à de réels soucis de confiance en toi le jour où l'un d'entre eux te fera défaut. Tu n'as donc pas forcément besoin de tout ça pour être au top. N'oublie jamais que tu es le·la patron·ne de ton corps.

LES ÉLÉMENTS DE TA ZONE DE CONFORT

Le maquillage

La transition que je souhaite te décrire existe bel et bien : le maquillage peut passer de découverte, à plaisir, à... addiction. Il n'est pas mauvais d'aimer se maquiller. N'oublions pas que c'est une passion pour certain·e·s, et même un métier. Chacun·e fait ce que bon lui semble de son visage, soyons clair·e·s. La question de l'addiction peut néanmoins se poser. Comment savoir si c'est le cas ? Il y a phénomène d'addiction lorsque :

- sortir sans maquillage est soit inenvisageable, soit une torture pour toi ;
- tu hésites à te démaquiller pour la première fois devant quelqu'un en te demandant si on va te trouver moche sans make-up ;
- tu sors non-maquillé·e en rasant les murs pour ne pas attirer l'attention sur toi ;
- tu as toujours du maquillage dans ton sac par peur de nécessiter une retouche dans la journée ;
- le fond de teint est littéralement ton allié n° 1 pour masquer tes imperfections...

Le fond de teint, parlons-en. Il s'agit, selon moi, d'un cadeau empoisonné. Tes imperfections sont dues à ta génétique, tes hormones, ton cycle menstruel, au stress ou encore une mauvaise alimentation… aucun fond de teint ne réussira à guérir ces imperfections. **Tu peux faire le choix d'accepter tes imperfections ou entreprendre des démarches pour les soigner… mais les cacher à tout prix ne fera que déplacer le problème.** Cela te fera entrer dans un cercle vicieux et en sortir est extrêmement compliqué. Si tu as énormément d'imperfections, par exemple de l'acné hormonale, commencer à les assumer peut être un premier pas vers leur guérison. Quand tu vas acheter du maquillage et que la vendeuse te dit : « Oh, j'ai un fond de teint sublime double couche de peau pour cacher vos boutons », elle n'est pas honnête car pour de nombreux cas d'acné, il faut impérativement permettre à la peau de respirer. Cela va donc à l'encontre directe de ta possible guérison.

D'un point de vue plus psychologique, **le maquillage ne doit pas s'apparenter à un masque émotionnel** : que tu sois de mauvaise humeur, énervé·e, triste ou fatigué·e, tu ne dois pas nécessairement dissimuler cette émotion sous une couche de produit. Il est primordial, pour *ta cohérence interne*, d'assumer tes émotions. Et que dois-tu à ces auto-proclamé·e·s *commentateur·rice·s physiques* qui ont constamment un avis sur tout et tout le monde ? Mais qui sont ces gens, si ce n'est des victimes de la société qui passent leur temps à faire leurs petits commentaires ? « Oh, t'es pas apprêté·e ! » ; « Mais tu vas vraiment sortir comme ça ? » ou encore : « Oh, non mais c'est quoi ce teint, maquille-toi ! » On a tous·tes des *commentateur·rice·s physiques* dans nos vies, qu'il s'agisse d'un·e parent·e ou d'un·e collègue. Retiens simplement que le fait que ces personnes ressentent le besoin de commenter ton physique se justifie par leur propre souffrance et l'importance du poids du regard des autres sur leur propre personne.

Si tu penses être ce genre de personne qui commente incessamment l'image de l'autre, ce n'est pas si grave, surtout si tu fais aujourd'hui l'effort de te remettre en question. **Un mauvais comportement, c'est humain : travaille là-dessus pour te détacher de l'image des autres.** Ne pas être maquillé·e ne signifie pas être la pire version de soi. Une personne non maquillée ne doit pas nécessairement faire penser à la société qu'elle est fatiguée ; elle peut accepter de se passer de maquillage, voire ne pas aimer en mettre du tout. Nous devrions tous·tes être libres de faire ce que l'on veut et en se passant de commentaires !

J'aimerais vous lister des conseils qui m'ont aidée à revoir mon rapport avec le maquillage.

Le tips d'Amal

Comment s'accepter sans maquillage ?

1. Dissocie le maquillage de la beauté. Même sans make-up, tu peux être apprêté·e et joli·e.

2. Pour apprécier ta peau, commence par la regarder de près, telle qu'elle est : plus tu la regarderas, plus tu la trouveras jolie.

3. Stimule ton visage pour le réveiller : beaucoup de personnes se maquillent car elles se sentent encore « endormies » sans cela. Ma technique est de passer un glaçon sur la peau de mon visage dès le réveil pour le réveiller avec tonus !

4. Tu peux remplacer progressivement ton fond de teint épais par un anticernes ou d'autres produits plus légers et discrets. Tu peux également remplacer cette couche de maquillage par autre chose. Tu as l'habitude et le besoin de sentir du maquillage sur ton visage… et si tu mettais de l'huile ou du gel d'aloe vera à la place ? L'huile de jojoba est riche en vertus, et puis sentir une petite couche sur ta peau te rassurera.

5. Vis ta vie comme d'habitude, avec ou sans make-up ! Impose-toi, parle aux gens, affirme-toi si une personne te fait une remarque sur ton absence de maquillage. Fais-toi plaisir si tu aimes te maquiller mais détache-toi de l'addiction : si tes produits ne sont pas là, aime-toi quand même !

BÉNÉFICES DU GLAÇON SUR LE VISAGE

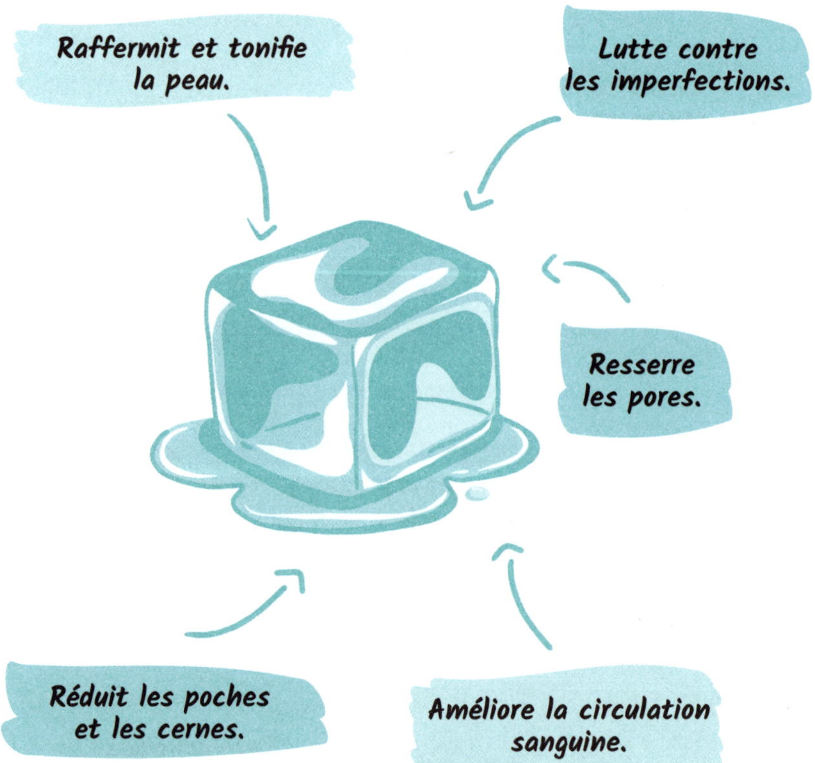

BÉNÉFICES DE L'HUILE DE JOJOBA

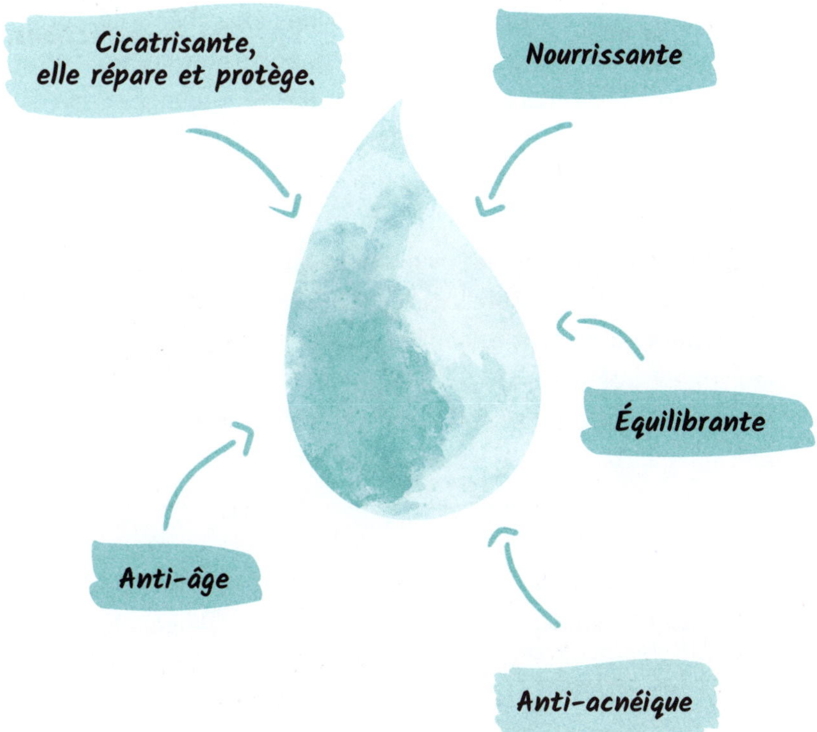

Les vêtements

Les vêtements sont censés t'habiller, faire ressortir ta personnalité, exprimer ton *mood du jour*. Finalement, ça peut vite devenir une carapace : si tu es fin·e, cela devient une manière de cacher ta minceur, tu ne veux pas que les gens autour de toi remarquent que tu es maigre. Pour les plus rond·e·s ou gros·ses (*spoiler alert* : « gros·se » ou « mince » ne sont pas des gros mots), c'est un moyen de cacher les bourrelets, les poignées d'amour, la graisse. **En cachant ton corps du regard des autres, tu participes à la destruction de ta propre confiance et tu déformes ton schéma corporel, tu te caches à cause de la haine que tu portes envers ton corps et tu t'éloignes encore plus de toi-même.** En vacances dans un autre pays où tu ne connais personne, tu t'habilleras plus facilement comme tu le souhaites parce que tu te sentiras moins jugé·e, moins scanné·e. On se dit : « Je ne les reverrai jamais. » Dans l'univers de la mode, on entend beaucoup de personnes dire qu'il faut s'habiller selon sa morphologie : je pense plutôt qu'il faut **porter des habits qui te font te sentir bien** car finalement, ce qui joue réellement n'est pas que tu aies une morphologie en H ou en V mais la manière dont tu portes tes vêtements : avec assurance et en t'aimant. Cela évite de créer les « *fantasmes vestimentaires* » : j'appelle ainsi ces tenues qu'on regarde mais qu'on n'osera jamais mettre... Ces fantasmes accumulés créent une frustration puissante. La couleur des vêtements joue également un rôle : par exemple, les habits noirs et gris t'empêchent plus facilement de te faire remarquer, ils nourrissent ta zone de confort. Si tu te caches derrière des couleurs qui n'attirent pas l'attention sur toi car cela fait partie de ta personnalité, il n'y a pas de mal, mais si tu fais ça car tu ne t'aimes pas, il est temps que cela change. Même chose pour les gestes qui cachent : ces gestes sont des habitudes que tu as prises, très pratiques pour te cacher derrière ce que tu es : les cheveux devant le visage ou encore regarder par terre... tous ces petits gestes qui te permettent de rester en retrait, dans ta zone de confort.

L'autre

Certaines femmes prennent confiance en elles grâce à une personne (généralement la personne aimée) et, par conséquent, redevenir célibataire détruit leur confiance en elles. Pour elles, être seule signifie ne pas être assez brillante, belle, drôle, aimable. Elles puisent l'entièreté de leur amour-propre dans l'avis de l'être qui partage leur vie. Cela peut être destructeur car dès que l'autre part, il·elle emporte tout ceci dans son sillage. Une personne que tu aimes peut détruire ta confiance en toi, surtout si c'est cette personne qui l'a construite. Je ne puisais personnellement pas ma confiance dans mon couple, mais plusieurs hommes m'ont déjà arraché ça, parce que je passais mon temps à me comparer à la fille qui venait juste après moi. Je me remettais constamment en question, me demandant si j'étais assez bien pour eux. Et ça, généralement, **c'est ce qu'il se passe quand tu es avec la mauvaise personne : cela fausse totalement l'image que tu as de toi.** Donc choisis bien la personne qui aura le droit de côtoyer ton empire de self-love et si tu te trompes, tu pourras toujours te rattraper.

Il y a une différence entre être heureux·se dans une relation — et donc voir sa confiance en soi augmenter et se solidifier — et bâtir tout ton self-love dans le regard de la personne qui est avec toi. Avoir un·e partenaire qui te donne confiance en toi, ça devrait être normal, pas incroyable. Tu as sûrement déjà entendu cette phrase : « Aime-toi avant de vouloir aimer autrui » et c'est sensé, mais on ne s'auto-suffira jamais. On peut apprendre à s'aimer soi-même, mais on aura toujours besoin d'un coup de pouce d'un·e partenaire, d'un·e collègue, de nos proches et ami·e·s. On a tous·tes besoin de se sentir puissant·e, beau ou belle, intelligent·e, drôle et unique dans le regard de quelqu'un·e. Mais penser que c'est à l'autre de te guérir est une idée erronée : c'est à toi de désinfecter ta propre plaie. Peut-être que quelqu'un sera là pour mettre le pansement, mais c'est à toi de faire le premier pas.

Les inspirations trop puissantes

C'est cet espace de ta zone de confort qui te motive à imiter tes influenceurs ou influenceuses préféré·e·s : avoir exactement la même garde-robe, les mêmes cheveux, le même maquillage... **Bien évidemment, avoir des inspirations peut t'aider à savoir ce que tu aimes si tu te cherches, mais essayer de ressembler à tout prix et en tout point à des personnes connues stéréotypées peut être très néfaste pour toi.** Peut-être que cette imitation t'aide à te fondre dans la masse pour masquer tes différences. J'ai personnellement été diagnostiquée « femme à haut-potentiel ». Je réalise aujourd'hui que, toute ma vie, je me suis nourrie du *faux-self*, le *faux-self* est le fait de se créer une personnalité idéale pour se fondre dans la masse, en évitant de paraître différent·e. Mais finalement, ça veut dire quoi, être différent·e ? Différent·e de qui, de quoi, au nom de quelles normes ? Les normes sociétales ? Celles-là mêmes qui ont été créées pour nous étouffer plus encore ? **Camoufler tes différences est peut-être ce qui t'empêchera justement de briller à ta façon, par ton originalité et ta singularité.** Fais ce que tu aimes, ce qui te plaît, ce qui te rend heureux·se, n'hésite jamais. Ce n'est plus l'heure d'hésiter. C'est l'heure d'être toi, de rayonner partout où tu iras. Tu es sublime, tu dois juste sortir de ta zone de confort.

Je t'ai décrit des éléments de la fameuse zone de confort, les plus communs et partagés, mais il y en a évidemment beaucoup d'autres ! Interroge-toi sur les éléments qui définissent ta propre zone de confort et note-les.

Exercice

Quels sont les éléments de ma zone de confort ?

☾ .... ☽

☾ .... ☽

☾ .... ☽

☾ .... ☽

☾ .... ☽

☾ .... ☽

☾ .... ☽

☾ .... ☽

☾ .... ☽

☾ .... ☽

☾ .... ☽

☾ .... ☽

☾ .... ☽

☾ .... ☽

☾ .... ☽

Sois honnête envers toi-même !

Chapitre 3

SE DÉCONSTRUIRE pour mieux se reconstruire

EN FINIR AVEC LES STÉRÉOTYPES DÈS L'ENFANCE

Précédemment, nous avons évoqué *la relation toxique* avec notre propre corps. En prenant conscience de cette relation, on peut prendre du recul sur les éléments de la *zone de confort* que l'on s'est bâtie, zone qui nous a permis d'engendrer une *« confiance en soi 2.0 »*... confiance factice qui nous contraint à rester à la surface de qui l'on est réellement. Une sorte de couverture idéale pour dissimuler nos complexes. Je suis convaincue que nous sommes tous·tes né·e·s avec une confiance en nous, une lueur d'espoir : une **innocence cérébrale.** « Maman, Papa je suis la plus belle ! » peut être une phrase classique de petite fille. Une petite fille n'a, *a priori*, pas à conscientiser le principe de confiance en elle, la confiance est *acquise* : elle ne tourmente pas son esprit d'enfant... mais cela tourmente certain·e·s parent·e·s ! Je m'explique : le concept éducatif basé sur la beauté existe, ces parent·e·s qui éduquent leurs filles en leur répétant : « Tu dois être belle, tu dois être mignonne ! » Tu te demandes où est le problème ? Une part écrasante des compliments que les parent·e·s font à leurs filles tournent autour du physique, quand pour les garçons, les compliments tournent autour du courage ou de la force.

Cet état de fait engendre un *sens des priorités* chez l'enfant : la fille doit être belle et élégante quand le garçon doit être fort et brave. Cela donne vie à des femmes qui sont en constante recherche de la beauté, obsédées par l'impératif de rester élégante tandis qu'un nombre incalculable d'hommes sont convaincus que pleurer est honteux car « lorsqu'on est un homme, on ne pleure pas ». Ces priorités créées de toutes pièces par la société patriarcale dans laquelle nous vivons prennent rapidement place dans la tête des enfants et ne les quittent que s'ils·elles entreprennent un travail de déconstruction. Les parent·e·s sont les fondateur·rice·s du sens des priorités, leur rôle est donc d'une importance capitale. Il me semble essentiel de varier la nature des compliments : ils devraient être physiques et mentaux car l'un ne va pas sans l'autre. En effet, en inculquant un mental *positif et sain* à l'enfant, on favorise naturellement sa confiance en soi.

Le tips d'Amal

1. Respectons les émotions de l'enfant. Par exemple : ta fille te dit qu'elle ne veut pas porter robe et collants, dis-lui qu'elle peut s'habiller comme elle le souhaite car le plus important à l'école, c'est d'alimenter son savoir.
2. Mets en avant sa personnalité avec des phrases encourageantes comme : « Joli choix, ça ressemble à ce que tu es ! » ou au moment de faire du shopping, demande-lui : « Tu souhaites quel t-shirt ? Lequel te représente le mieux ? »
3. Complimente ton enfant sur ses autres qualités, hors physiques : son intelligence ou son empathie, par exemple.
4. Redéfinis ses priorités en lui apprenant que le physique vient après le mental : « Tu es si intelligent·e et, en plus, tu es magnifique » comme si ce n'était qu'un plus.
5. Montre-lui qu'il·elle est magnifique en étant naturel·le. C'est une façon d'apprendre dès le plus jeune âge que ce qui rend génial·e, c'est d'être soi-même.

L'ADOLESCENCE COMME TOURNANT DÉCISIF

J'ai parlé de l'enfance comme d'un grand moment de création de l'estime de soi, mais évoquons aussi l'adolescence car un évènement s'y produit : *la perte de confiance physiologique*. Pourquoi utiliser le mot « physiologique » ? C'est l'histoire d'une sublime contradiction : *nous perdons cette confiance naturelle au moment où l'on tâche de construire notre identité*. À l'adolescence, nous sommes à la recherche de nos goûts, ce qui nous permet d'affiner notre position sur certains points : « Je n'aime plus ça » ; « Oh, je n'aime pas du tout ça chez moi. » C'est ainsi que le négatif commence à s'installer dans nos cerveaux. Notre sens de l'autocritique se développe. L'adolescence est souvent une guerre entre soi et de nombreuses hormones faisant naître de multiples problématiques : les boutons, les règles (douloureuses, notamment), les formes qui apparaissent *ou pas*, les premières fois *ou non*. Revivre cérébralement mon adolescence m'a aidée à comprendre d'où venaient certains de mes problèmes de confiance en moi. Je l'ai analysée pour y déceler de possibles impacts encore actifs dans ma vie actuelle.

Au moment où nous construisons notre identité, notre adolescence nous fait encore plus développer notre fameuse *zone de confort*. Peu importe ton âge, le but est maintenant d'assumer ta réelle identité. L'idée est de travailler sur toi pour te défaire de cette couverture. Au début, il peut sembler effrayant de naviguer en toi. Pour t'assumer en tant qu'adulte, le premier pas est d'analyser ta zone de confort en comprenant la manière dont elle s'est construite pendant dans ton adolescence. Tu ne pourras jamais *aimer ton physique* si tu ne détectes pas les étapes de ta vie qui t'ont fait perdre confiance en toi. Notre histoire est capitale pour comprendre notre processus de confiance en soi. La culture y joue un rôle extrêmement important : **on intègre des stéréotypes inculqués par nos vécus, nos histoires, les personnes qui nous ont entouré·e·s.** On est souvent comparé·e·s à nos sœurs, nos cousines, nos tantes, comme si les liens du sang devaient justifier d'une ressemblance ou d'un mimétisme évident. Certaines cultures ont du mal à accepter les différences au sein d'une même famille. Fouille ton histoire, tu y trouveras des réponses. **Travaille ton mental, ton corps le suivra.**

AVOIR CONFIANCE EN SOI ET S'AIMER AUTHENTIQUEMENT

La confiance en soi et l'amour-propre ne sont pas uniquement fondés sur l'épanouissement lié à ton reflet dans le miroir. Ce dernier en fait partie mais ta confiance se construira essentiellement par le travail sur ton mental et ta vie intérieure.

1 Fais connaissance avec toi-même

Sur la route de la vie, au moment où tu quittes l'enfance ou l'adolescence et que tu connais une *perte physiologique* (t'invitant à t'aménager une *zone de confort*), il te faut apprendre à te déconstruire pour mieux te reconstruire. Lorsque tu rencontres une personne plutôt sympa et que tu as envie d'en savoir plus sur elle, tu apprends bien à la connaître, non ? Même phénomène pour toi après ta prise de conscience : tu dois apprendre à faire connaissance avec toi-même, comme si tu t'invitais à boire un verre. Scanne ton passé : identifie tes blessures, les causes profondes qui t'ont amené·e à une perte de *self-love*. Tu dois être capable de déconstruire tout ceci pour trouver les causes de certains symptômes : troubles alimentaires, addictions (la fameuse zone de confort), névroses, auto-sabotage, etc.

2 Assume tes défauts

Accepte le fait que tu as des défauts, tu ne seras jamais parfait·e. Le mot « perfection », dans le monde humain, n'a pas de sens. Étant moi-même une *grande perfectionniste*, j'aime repousser mes limites — toujours plus loin — et cela m'a parfois épuisée mentalement. Notre force est de pouvoir exploiter un défaut pour le transformer en qualité, dans un autre domaine. En ce qui me concerne, je suis une femme qui se fait souvent une montagne de pas grand-chose ; je suis impulsive, je fonce tête la première quand je suis énervée, je ne suis pas une personne foncièrement calme, mais j'ai décidé d'exploiter cette impulsivité dans un autre domaine : mes projets professionnels !

Lorsque j'ai un rêve ou un objectif, je fonce au lieu de rester paralysée par la peur ou les doutes. J'ai combiné cette impulsivité avec l'une de mes qualités : mon côté très objectif et terre-à-terre. Ce délicieux smoothie fait des merveilles : je n'ai pas peur de foncer, je peux faire des sauts de géante pour réaliser mes rêves... comme ce jour où j'ai envoyé un e-mail aux éditions Kiwi afin d'être éditée... ce qui m'a permis de réaliser un rêve de petite fille en publiant mon premier livre !

Je suis dans cet état d'esprit conquérant pour tous mes projets, tout en gardant les pieds sur Terre. Ce côté « pieds sur Terre » ne me rend pas forcément service dans ma vie privée — car je n'écoute pas toujours mon cœur... — mais il m'aide énormément dans mon travail. Tu vois, les défauts sont finalement subjectifs : certains sont utiles dans un domaine — ils deviennent alors des qualités — alors qu'ils peuvent être nuisibles dans un autre. Le tout est de les connaître pour savoir comment les doser et les utiliser à ton avantage !

3 Ne te compare pas

La comparaison est un réel poison. Ton identité et ton rythme de vie ne sont pas comparables à ceux d'une autre personne : la comparaison est ce qui te freine dans la vie. Te comparer sans arrêt aux autres te limite : cela ralentit ta progression ou la bloque complètement.

Exercice

Quels sont mes défauts ?

(....)

(....)

(....)

(....)

(....)

Dans ma vie professionnelle ?

(....)

(....)

(....)

(....)

(....)

Dans ma vie privée ?

(....)

(....)

(....)

(....)

(....)

Stay yourself!

4 Reconnais ce que tu as accompli

C'est exactement comme dans une relation humaine : si entre deux personnes, l'une donne beaucoup tandis que l'autre se contente de prendre, sans donner en retour, la relation connaît un déséquilibre. Résultat : l'une des deux souffre et se sent délaissée, car elle donne sans rien recevoir. C'est le même principe pour toi et ce qui te compose. **Ton corps t'aide à te déplacer, à te battre, à poser des actions dans la matière, tandis que ton mental et tes émotions t'aident à réagir, à résoudre un problème tout en t'aidant à te relever.** En effet, une personne avec un corps plus faible qu'une autre mais avec un mental plus aguerri pourra faire des miracles, rien qu'à la force de l'esprit.

Peut-être que tu en veux à ton corps, de n'être pas assez ceci ou pas assez cela, mais si tu ne prends jamais le temps de le féliciter, en témoignant ta fierté de ce qu'il a accompli, ton corps va s'épuiser, et **c'est ainsi qu'un cercle vicieux se déclenche**. Certain·e·s coach·e·s et psychologues préconisent des techniques pour alimenter la confiance en soi. Je ne sais pas si le fait de te regarder dans le miroir tous les matins en te répétant : « Je suis magnifique ! » fera l'affaire mais ce que je peux te garantir, c'est que si tu rentres après une longue journée difficile en te disant : « Je l'ai fait ! J'ai surpassé tout ça ! », tu ressentiras instantanément de la **fierté envers ta force et tes capacités.** Remercie ton intérieur de t'avoir emmené·e jusque-là ; ton corps mérite toute ta gratitude.

5 N'aie plus peur de toi-même

La peur est un sentiment qui tétanise beaucoup d'êtres humains. Elle bloque des « je t'aime » et des « je te hais » au fond de la gorge, elle empêche de sauter sans filet pour réaliser ses rêves, elle ligote le corps à un endroit où il ne voudrait plus être. Ce sentiment, une fois travaillé, alimente très fortement la confiance en soi, car une fois que l'on dépasse sa peur, on se sent soudainement très brave, voire invulnérable. Moins tu laisseras tes peurs te barrer la route, plus tu gagneras en confiance en toi pour réussir à suivre tes rêves et mener tes projets à bout. La peur intervient également au moment où tu tentes d'assumer qui tu es vraiment, il y a cette peur du jugement d'autrui, cette peur du rejet, de l'abandon... mais n'oublie jamais que **la première personne qui doit t'aimer, c'est toi.** Ne te trahis pas : assume ce que tu es sans te craindre toi-même. Crains plutôt ta zone de confort, elle qui t'a peut-être empêché·e jusqu'à maintenant d'aimer ce que tu as longuement caché sous une couverture : ta personnalité authentique, tes idées et tout ce qui te caractérise.

6 Débarrasse-toi du regard des autres

Peut-être que le regard de la personne qui te plaît te fait systématiquement **l'effet d'un scanner** : tu te demandes ce qu'elle pense de toi, en cherchant un indice de validation dans ses yeux. *Petit tips* : si cette personne est sincère, tu n'auras pas besoin de chercher cette validation, tu la trouveras naturellement. Peut-être que tu n'oses même pas imaginer obtenir la validation de quelqu'un·e d'autre, tant tu manques de confiance et d'amour envers toi-même. Peut-être recherches-tu une assurance dans le regard des autres : tes parent·e·s, ami·e·s, connaissances. *Spoiler alert* : **les personnes te voient comme tu te vois**, c'est toujours ton regard sur toi-même qui prime ! Lorsque le regard que tu poses sur toi est positif, il l'est automatiquement pour les autres : il·elle·s ressentent tes bonnes ondes, ta confiance et ton amour-propre qui débordent.

Je vais te donner un exemple concret : j'ai toujours eu une passion pour les tenues confortables ! Ensemble training, sweat *oversize*, chaussettes hautes, enfin, tu vois le genre... J'aime être à l'aise cinq jours sur sept mais, à l'époque où je vivais une relation toxique avec moi-même, les gens se moquaient de moi à ce sujet : « Tu vas au sport ou quoi ? » ; « Trop large, ton pull, ce n'est vraiment pas beau ! » ; « On dirait un garçon, Amal, t'abuses ! », etc. Le temps passant, sur le chemin de mon acceptation, mon amour pour les vêtements confortables ne s'est pas estompé et j'ai appris à me dire que si c'était ce que j'appréciais, je devais me respecter. J'ai compris que c'était mon droit de m'habiller comme j'en avais envie, peu importe ce que ça inspire aux autres ! Finalement, mon regard sur moi-même est devenu plus positif, ce qui a donné naissance à un cycle vertueux : le regard des autres s'est aussi transformé. « Oh, Amal, ça te va trop bien d'être habillée comme ça ! » Tout le monde se mettait à ressentir mes énergies positives.

En parlant de vêtements confortables, ceux qui sont perçus par la société comme étant des « vêtements de garçons », mentionnons les concepts de *féminité* et de *virilité*. J'avais l'impression, étant petite, qu'il me fallait constamment devoir être féminine, mais finalement, quel est ce concept ? Encore un moyen de confiner les êtres humains dans un carré minuscule et bien délimité ? Chacun·e peut avoir une part de virilité et une part de féminité, peu importe. Ne laisse pas la société t'étouffer avec des concepts clivants et discriminants.

Même chose pour mon corps : je sais que j'ai des formes et que je suis assez imposante physiquement. Pourtant, je fais le choix de m'habiller exactement comme j'en ai envie, sans spécialement me dire que « j'ai des gros seins », « un gros fessier » et que je devrais donc les cacher. Je m'habille comme j'en ai envie, librement, et énormément de personnes autour de moi me disent régulièrement : « J'adore comme tu t'assumes ! » Je comprends qu'en réalité, ce qu'elles veulent dire derrière ce compliment, c'est : « Putain, si j'étais ronde comme toi, jamais je n'oserais… Je suis déjà plus mince que toi et je n'ose pas O·M·G ! » Vrai ou faux compliment, ce que je retiens de ces mots, c'est que j'ai les ovaires pour assumer la personne que je suis, peu importe mon poids, mes formes, tant que moi je kiffe la manière dont je suis habillée, c'est tout ce qui compte. Même les jours où je ne me sens pas spécialement bien dans mon corps, je me motive à m'habiller comme je le veux car c'est la meilleure façon d'intégrer mon schéma corporel.

7 Sois ta priorité

Soyons réalistes : il est impossible de faire plaisir à tout le monde, alors fais-toi plaisir d'abord ! Tu ne rendras jamais tout le monde heureux et tu ne feras jamais l'unanimité : alors travaille absolument sur toi pour devenir ta priorité avant n'importe qui d'autre. Ce n'est pas de l'égoïsme, c'est tout simplement une forme d'amour-propre. En étant d'abord épanoui·e, tu seras d'une meilleure aide pour les autres. De plus, n'oublie pas que tu es la seule personne à savoir lire en toi, à pouvoir voyager dans ton monde intérieur. Ton entourage peut t'épauler, mais il n'y a que toi qui puisses te comprendre entièrement.

8 Sois fier·ère

Quand tu te regardes dans le miroir, ne te limite pas à ton physique. Regarde-toi comme tu regarderais la personne la plus importante de ta vie.

- Grâce à qui en es-tu arrivé·e là ? Toi.
- Grâce à qui as-tu toujours gardé la tête haute ? Toi.

- Qui se bat tous les jours pour toi ? Toi.
- Qui se lève pour réaliser tes rêves ? Toi.
- Qui est toujours là pour toi ? Toi.

Envoie-toi de la gratitude, tu es ta plus belle fierté : fous-toi la paix, laisse-toi vivre, ne sois pas trop dur·e envers toi-même et sois fier·ère !

9 Laisse la colère derrière toi

Je ne t'invite pas à vivre dans le déni des mauvais moments que tu as vécus, car ces expériences méritent d'être transformées, mais la colère qui y est rattachée (qu'elle soit dirigée contre toi ou les autres) est un boulet que tu traînes. Pardonne cette colère. Dépose-la dans un tiroir et laisse-la derrière toi, laisse la pluie derrière et avance vers un plein soleil. Ton cœur est comme un aspirateur : une fois que tu as absorbé trop de choses, il faut vider ton sac.

10 Écris les règles du jeu pour trouver le bonheur

Finalement, la porte ultime que nous souhaitons absolument tous·tes ouvrir, c'est celle du bonheur. Comme pour toute porte : c'est le·la propriétaire qui a les clés en main... Devine qui ? Eh oui, c'est toi ! Le bonheur parfois semble si loin, alors qu'il peut être si proche de toi. Je ne peux pas prétendre que tu seras épanoui·e et heureux·se toute ta vie car il y aura toujours des *mauvaises journées, des mauvaises nouvelles*, mais tu dois apprendre à absorber les vibrations autour de toi et les laisser te faire vibrer, qu'elles soient bonnes ou mauvaises : *il ne tient qu'à toi de les transformer.* Tu ne vivras pas que du pur bonheur dans ta vie, mais c'est le jeu. Si tu décides de jouer le jeu de la vie, il faut s'attendre à tout mais demeurer bon·ne joueur·euse pour combattre les malheurs ou la tristesse jusqu'à en faire des forces. Ta vraie vie commence le jour où tu comprends que tu es le·la seul·e à pouvoir la diriger. N'oublie jamais que c'est toi qui crées les règles. C'est même toi qui crées le jeu, avec tes propres règles. Dans cet état d'esprit, comment pourrais-tu ne pas gagner ?

11 Aime-toi

L'amour est l'un des plus puissants moteurs de notre univers. L'amour pour son travail nourrit la passion, et cela évite à de nombreuses personnes de se détester tous les matins, car elles se lèvent pour faire ce qu'elles aiment. La passion est conditionnée par l'amour. L'amour est la clé de tout. L'amour, c'est ce qui te pousse à t'aimer toi, à ne pas te faire de mal, à t'entourer des bonnes personnes. L'amour te fait parcourir des kilomètres sans t'essoufler, l'amour te fait sourire à en pleurer et pleurer à en sourire, l'amour te donne des frissons, l'amour te fait baiser toute la nuit jusqu'à ne plus savoir parler, l'amour te fait te sentir vivant·e, l'amour te donne mal au ventre à ne plus sentir tes tripes, l'amour te fait te sentir bien dans ton corps, l'amour te pousse à écrire des textes comme celui-ci, l'amour te fait parler sans prononcer de mots, pleurer sans verser de larmes, passer la main dans tes cheveux sans aucune raison. L'amour te pousse à vivre. Tout part de l'amour et mène à l'amour. Ce sentiment « positif » peut te faire perdre pied, te rendre vulnérable, mais cette vulnérabilité éphémère vaut le coup. Aime-toi et je te promets que ta vie se transformera.

Les piliers de l'amour de soi

1. Fais **CONNAISSANCE** avec toi-même.
2. Assume tes défauts.
3. Remarque ce que tu as **RÉALISÉ.**
4. N'aie plus **PEUR** de toi.
5. Débarrasse-toi du pouvoir du regard des autres.
6. Sois ta **PRIORITÉ.**
7. Regarde-toi dans le miroir et sois fier·ère.
8. Accueille tes **ÉMOTIONS** sans les surinterpréter.
9. Trouve le **BONHEUR.**

Chapitre 4

CE QU'ON ATTEND de nous

☾ ♥ ☽

DES IDÉAUX DE BEAUTÉ HORS D'ATTEINTE ET INSTABLES

Comment écrire un livre parlant de confiance en soi sans aborder le sujet des *stéréotypes* liés aux femmes ? J'estime que ce genre de stéréotypes a sûrement touché énormément de personnes, notamment toute personne considérée comme appartenant à une « minorité ». Je préfère témoigner de ce que je connais et ai expérimenté en tant que femme de 24 ans : **j'en ai rencontré, des règles, dans le monde de la beauté**. Mettons-nous d'accord sur la définition de la beauté : c'est juste toi. Tu es beau·belle car tu es toi. Tu peux sourire, penser que j'écris ça pour te faire plaisir, mais je le pense fondamentalement : tu es beau·belle car tu es toi. La beauté, c'est toi. Pourquoi ? Parce que tu es spectaculaire, original·e, unique. La beauté englobe beaucoup de choses : ton caractère, ton sourire, ton physique, ta personnalité, tes envies, ton sens de l'humour, ton charisme, tes préférences, tes goûts.

À chaque époque son stéréotype : **la société a toujours attendu quelque chose des femmes !** Durant la Renaissance, les canons de beauté que les artistes représentent sont des déesses, des bourgeoises ou des aristocrates très bien en chair (elles ont du ventre, des cuisses, des bras, ça déborde) : elles symbolisent la beauté, l'opulence et la fécondité (à une époque où on associait les femmes minces aux pauvresses chétives du petit peuple). Au contraire, quelques siècles plus tard — soit au début des années 2000 — la société occidentale vénère le culte de la minceur, et nos nouvelles égéries ne sont plus Vénus ou Marie-Antoinette mais Britney Spears ou J-Lo ! Arrivent les années 2010 et la mode n'est soudainement plus tellement à la minceur : les grosses fesses et les grosses poitrines sont le nouveau critère de beauté prioritaire... bienvenue à l'ère Kim Kardashian ! Tu comprends ? C'est la société qui est instable : un physique considéré comme « beau » hier devient « laid » aujourd'hui. Et nous, les femmes de 2020, qu'est-ce qu'on attend de nous ?

Même si on n'est plus dupes et qu'on a bien compris que le monde de la mode dissimulait son lot de complexes, jugements, traumatismes et autres troubles du comportement alimentaire, nous restons malgré tout soumis·es à une toute nouvelle pression : celle des réseaux sociaux. Ces derniers jouent un rôle primordial dans le schéma corporel que nous nous construisons : en effet, sur Instagram, on retrouve énormément d'influenceuses qui prennent le contrôle sur l'image des femmes, mais uniquement parce que le monde a pris le contrôle de leur propre corps avant cela. Elles se comportent comme si elles n'avaient pas de défauts, parce que le but de la plupart des influenceuses — pas toutes, bien évidemment — **c'est d'incarner la perfection.** Lorsque j'ai posé les pieds sur Instagram, une chose était claire : je voulais rester moi-même et me montrer telle que je suis. Je voulais une relation influenceuse-communauté décontractée, sans prise de tête, sans prétendre être une fille parfaite.

Je tiens à préciser que je ne suis pas en colère contre ces influenceur·se·s prétendument parfait·e·s parce que j'estime que pointer du doigt les comportements individuels ne sert pas à grand-chose, surtout au cœur d'une lutte aussi grande que celle engagée contre la norme, l'idéal de beauté et la perfection. Il faut comprendre et accepter que ces mêmes personnes sont également victimes d'injonctions. Lorsque l'on veut complètement changer un concept sociétal, c'est le système à la racine qu'il faut attaquer.

Aujourd'hui, les femmes qui me suivent sont des badass très remontées : **nous ne sommes plus d'accord avec ces diktats de 2020 selon lesquels il faudrait avoir un fessier proéminent, un ventre plat, des seins bien ronds qui tiennent tout seuls, des**

pommettes relevées, des lèvres très pulpeuses et, bien sûr, aucun poil. À côté de ça, il faudrait qu'on soit gênées au sujet de nos règles et de notre sexualité, au passage.

Cette image insupportable de la femme nous vient de téléréalité qui a pris une place exponentielle sur nos écrans, ces dernières années. Je pense qu'il n'y a rien de mal à faire de la téléréalité : c'est un divertissement comme un autre. J'ai juste une interrogation : pourquoi la majorité des personnes qui y sont passées ont-elles toutes radicalement changé ? Chacun·e est libre de faire de la chirurgie, ce qui est dommage, c'est qu'on retrouve de plus en plus de clones de Kim Kardashian. Doit-on tous·tes s'uniformiser pour rentrer dans le moule ? Un moule particulièrement inquiétant et dangereux : beaucoup de jeunes sont influencé·e·s par cette flagrante propagande qui promeut un unique modèle de beauté auquel il faudrait ressembler à tout prix.

INSTAGRAM : LA RÉALITÉ TRANSFORMÉE

Instagram, ce moyen de communication énorme : on peut y faire tellement de choses ! Le problème ? Des milliers d'influenceur·euse·s distordent complètement nos repères et transformant la réalité selon une nouvelle norme. Tu me suis ? Mais si, tu sais, ce sont ces comptes qui rendent littéralement toute leur vie « instagrammable ». Le matin, on sait tous·tes comment on se réveille... Pourquoi certain·e·s voudraient nous faire croire qu'ils·elles se réveillent avec un brushing et un maquillage parfaits ? Ce n'est pas le hashtag #wokeuplikethis qui va nous faire tomber dans le panneau.

Il me semble surréaliste de vouloir à tout prix rendre des choses quotidiennes sexy ou parfaites. Tous les moments n'ont pas à être sexy ou parfaits. Tout ne doit pas être « instagrammable ». La nourriture instagrammable, le corps instagrammable : ce mot instauré pour décrire un contenu tellement beau qu'il mérite d'être posté sur Instagram. Difficile de démêler le vrai du faux sur ce réseau où chaque contenu semble être millimétré. Difficile de concevoir que cette photo qui semble volée, cette photo qui a capturé un magnifique éclat de rire, un rire qui semble si spontané, a potentiellement nécessité une trentaine de prises.

Le métier d'influenceur·euse implique, selon moi, d'être sincère, honnête, pousser les êtres humains à s'aimer de plus en plus, toujours plus fort. Sache que je n'ai absolument rien contre la chirurgie esthétique quand elle est sincèrement voulue et utilisée à petite dose. En observant le comportement de certaines personnes qui transforment tout leur corps sur le billard, je suppose qu'il y a, à la racine, un problème propre à l'identité et un besoin d'étouffer quelque chose. Alors que, dans d'autres cas, c'est le seul moyen trouvé pour se sentir bien et c'est le choix qu'elles ont fait dans leur propre chemin de confiance en soi. Beaucoup d'influenceur·euse·s — et je vise certain·e·s candidat·e·s de téléréalité — nous matraquent avec des : « Pour avoir des lèvres pulpeuses, pour perdre du poids, pour cacher les vergetures, pour, pour, pour... » Ça en devient lassant. On nous dicte des règles, directement ou indirectement. Et si tu commençais à choisir POUR toi ? Ça pourrait changer ta vie, crois-moi.

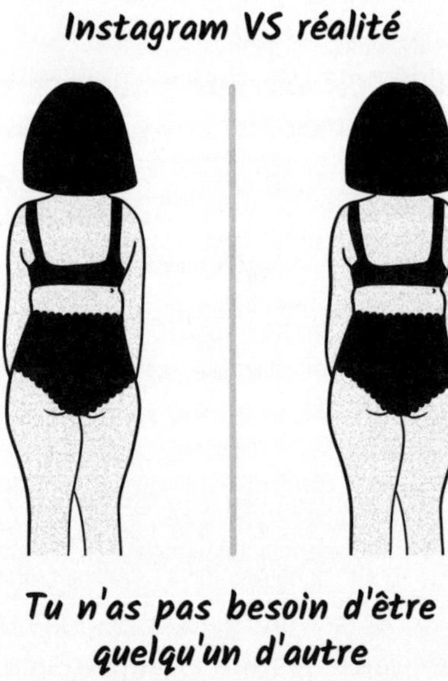

Chapitre 5
POUR UN FÉMINISME bienveillant

☾ ♥ ☽

SOIS LIBRE

Tu arrives au terme de la partie « Bien dans ma tête ». De ce chapitre, je souhaite que tu retiennes un fait fondamental : tu es libre. Ne laisse personne te dicter ta conduite. Jamais. Le but du jeu, c'est que tu vives ta vie pour toi, sans jamais te sentir mal de faire quoi que ce soit. **Tes choix doivent être dictés par ta personnalité, pas par la société.** Malheureusement, certaines femmes se battent pour déconstruire des règles… mais elles en créent par la même occasion ! Je m'explique : il existe des femmes qui te font culpabiliser de t'épiler ou de te maquiller parce que, selon elles, tous ces actes font partie intégrante du système patriarcal aka la société contrôlée par les hommes. Il y a bien évidemment des habitudes que les femmes ont absorbées sous la pression du patriarcat, comme le fait de se parfumer le vagin, par exemple ! J'y suis farouchement opposée : le vagin doit sentir le vagin pour ne pas perturber son équilibre acido-basique : *vaginas smell vagina*. Certaines femmes se maquillent et s'épilent pour elles-mêmes, car elles se sentent mieux ainsi. D'autres le font simplement parce que c'est un standard patriarcal.

En tant que femme vivant dans un monde patriarcal, j'ai conscience de devoir me battre tous les jours et de rencontrer des difficultés au moment d'assumer mes choix. **Il n'y a pas à culpabiliser : tu as le droit de flancher pendant ton combat ou de te heurter à des barrières.** Ce qui est important, c'est de respecter et soutenir les choix de tes sœurs, sans jamais les juger : ne juge pas une femme qui s'épile ou pas ou qui se maquille ou pas : elle n'est pas moins féministe que toi. Parle avec elle si tu en ressens le besoin, essaye de comprendre si son choix résulte d'un complexe ou pas, si tu peux l'aider ou lui donner confiance en elle. Complimente-la, soutiens-la, raconte-lui ton histoire, sans jugement.

Sache que tu as le droit d'être féministe, peu importe ton image : tu n'as pas à entrer dans une case, avoir un physique type et prédéfini. Le féminisme, c'est dans la tête. Tu sais pourquoi les féministes se battent ? Pour tes droits : le droit de te sentir en sécurité dans le métro, dans la rue de jour comme de nuit, en soirée, le droit de jouir sans faire semblant, le droit d'accéder à une sexualité libre sans être insultée de salope ou de coincée. Les féministes se battent pour que tu puisses porter un voile et/ou une mini-jupe. Pour que tu puisses emporter ta culture dans le pays où tu t'installes sans jugement, pour que tu puisses t'intégrer sans soucis, pour que tu puisses parler sans qu'on te coupe la parole, pour que tu puisses être à la tête d'une entreprise sans que les autres croient que tu as couché avec le patron, pour que tu puisses devenir le·la patron·ne.

Elles et leurs allié·e·s se battent pour que tu ne sois plus dans l'ombre. Elle·il·s se battent pour que plus personne ne te présente comme « la femme de… » ou « la copine de…» mais en tant que personne à part entière. Elle·il·s se battent pour que tu puisses te marier, te pacser, ou pas, quand tu le veux et pour que tu puisses être le plan Q de n'importe qui sans te sentir jugé·e. Elle·il·s se battent contre le racisme, l'homophobie, la grossophobie, la transphobie, les violences conjugales, etc. Le féminisme comporte une part de convergence des luttes. Une chose est certaine : les féministes ne se battent pas contre toi, peu importe ta religion ou ta couleur de peau. Aucune féministe ne te jugera. Jamais.

PRENDS LE POUVOIR

Il est temps de reprendre le pouvoir car nous évoluons dans une société patriarcale dans laquelle certain·e·s pensent avoir des droits sur nos corps et nos esprits (eh oui, la mysoginie intériorisée par des femmes existe bel et bien). Nos corps n'appartiennent pas à ceux·celles qui se l'approprient. Nous en avons marre de vivre dans une société où c'est toujours à la femme de faire plaisir à l'homme, un monde où on ignore où est censé se situer le clitoris car l'école a fait de l'éducation sexuelle un tabou, marre de devoir expliquer que non, ce n'est pas difficile de faire jouir un clitoris et que l'acte sexuel n'est pas un copier-coller d'un film X.

Il y a une tonne de raisons d'être féministe et de combattre les inégalités entre les sexes et les genres. Et encore plus de raisons de faire converger les luttes, de défendre les inégalités sociales, de soutenir l'écologie parce que le monde va mal. Arrêtons de nous laisser culpabiliser de tous les côtés avec de nouvelles règles au moment où on tente de s'affranchir des anciennes : « Ah, tu mets un soutif ? C'est pas très féministe ! Tu t'épiles ? Mauvaise féministe », etc.

L'idéal serait que tout le monde, à son échelle, puisse inspirer des changements. Un mec vient te draguer et te demande si tu es bonne cuisinière ? Remets-le en place en lui disant que « cuisine » ne rime pas avec « femme », que tu as de nombreuses qualités et que les fourneaux ne sont pas nécessairement ta priorité. Ce sont des petites choses, des petits pas qui prouvent ton féminisme et qui déconstruisent tout doucement des petites habitudes patriarcales.

Le féminisme n'est pas inscrit sur nos fronts ou exprimé par nos vêtements. Il se démontre dans nos choix, nos actes, nos discours et nos réactions face à des injustices que nous ne souhaitons plus tolérer. Il y a bien une règle qu'on ne devrait jamais transgresser : c'est la sororité. Pour moi, c'est la base : si tu es féministe, tu soutiens TOUTES les femmes, sans aucune exception.

Je me méfie donc des « il faut » car la suite de la phrase est rarement acceptable. C'est typiquement le principe de certaines marques qui voudraient nous apprendre la vie : « Pour être mince, il faut... » Bah non ! Qui a dit que je souhaitais être mince ? Je t'invite à choisir les marques dans lesquelles tu investis car beaucoup d'entreprises se remplissent les poches... avec tes complexes ! C'est comme les marques de lingerie où il n'y a jamais ta taille, à croire qu'au-dessus du 38, tu ne seras jamais sexy ! Ce même genre de marque qui va surfer sur le mouvement féministe et te faire une campagne de pub « on a plein de grandes tailles, c'est la fête » pour la jouer marque engagée et inclusive... De jolies affiches, oui, mais sur le terrain, certaines clientes ont débusqué l'arnaque : le coup de com' était bien tenté mais, une fois en boutique, nulle trace des grandes tailles promises...

C'est vraiment frustrant pour moi de constater, jour après jour, que des marques nous manipulent, tout comme certain·e·s influenceur·euse·s décrit·e·s plus haut.

Tellement frustrant que j'en ai fait un livre : j'avais besoin de purger mes émotions et les injonctions de la société. Tu viens d'arriver au terme de la première partie et je t'en remercie. Remercie-toi également car sans t'en rendre compte, tu viens sans doute de te confronter à des choses enfouies en toi : ta zone de confort, ton enfance, ton adolescence, tes émotions assumées ou refoulées, et ton féminisme. Cette partie du livre a été écrite pour que ton cerveau soit *on fire,* pour que tu prennes le temps de réfléchir à toi, à ta vie et tout ce qui t'entoure. J'ai envie que tu vives ta vie en pleine conscience. Oui, il est important d'être ancré·e sur Terre, de **vivre à 100 %, en pleine conscience**. Ne t'inquiète pas si ce chemin semble long, ça peut prendre du temps. **N'oublie jamais que tu es ton plus beau projet de vie, que tu es ton investissement.** Tu as le droit de faire dix pas en arrière avant de faire le pas décisif qui va tout changer. J'espère aussi que cette première partie a semé en toi des graines qui t'aideront à réaliser tes rêves, car à force de te permettre de rêver, tu te réveilleras un jour dans ton propre rêve.

LE FÉMINISME EST EN TOI, PAS SUR TOI

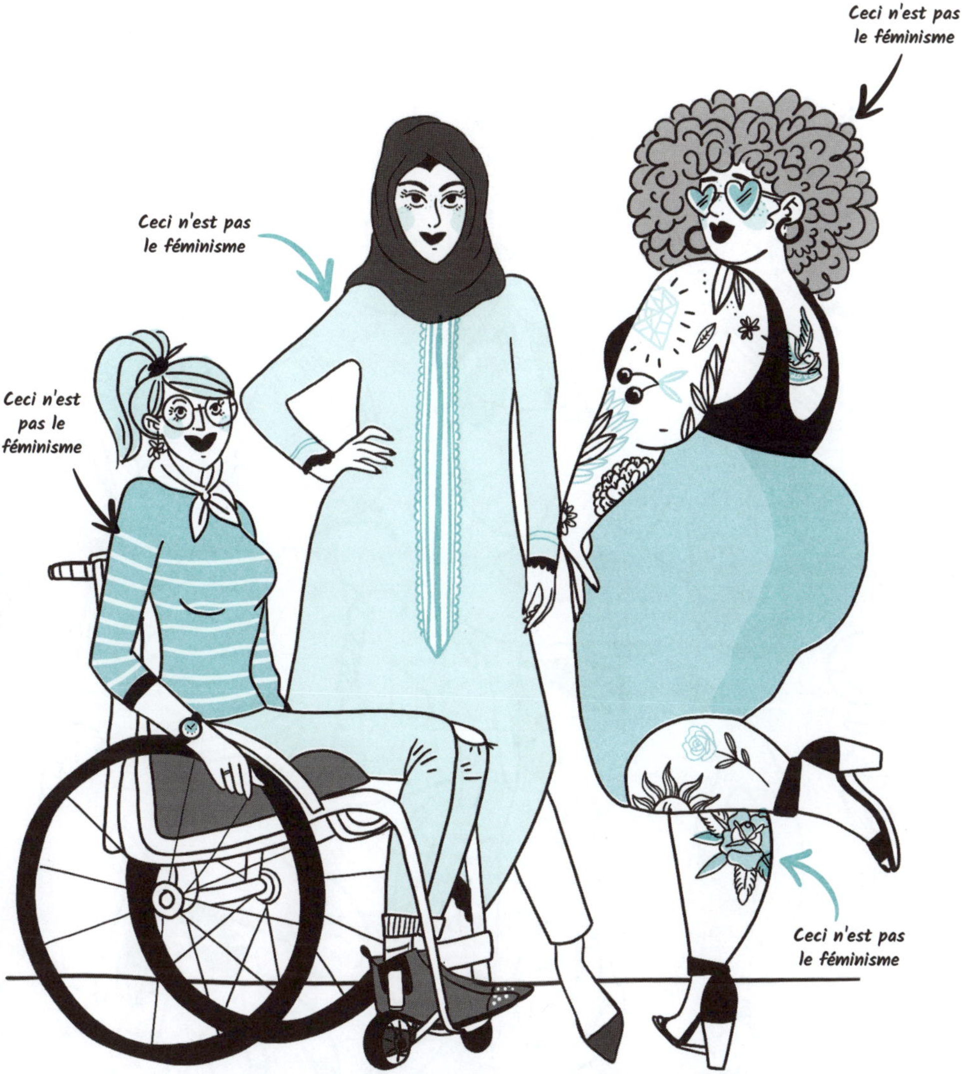

Il ne se voit pas à ta tenue ou à ton look.

Il s'exprime dans tes discours et tes actions.

Self Love
me
Self Love
me

BIEN DANS MA CULOTTE

Chapitre 1

LE LIEN ENTRE TA TÊTE et ta culotte

UNE QUESTION D'ÉQUILIBRE

« Bien dans ma tête, bien dans ma culotte » : une phrase si simple mais si pertinente étant donné le lien entre ces deux éléments fondamentaux pour ta (dé)construction : un lien puissant associant ton bien-être physique et mental. Le « bien dans ta tête » est la base de tous les autres bien-être. Le mental est l'ingrédient capital dans **la merveilleuse recette que constitue ta vie**. Quand tu n'es pas comblé·e dans ta vie sexuelle, ça te fait le même effet qu'un plat qui manquerait de sel : tu es persuadé·e que quelque chose manque, un ingrédient évident que tu es pourtant incapable de nommer. On va aborder les potentiels blocages pouvant intervenir dans la vie sexuelle et je suis convaincue que tu trouveras dans la liste la raison qui te concerne potentiellement en te disant : « Ah, c'est donc ça ! » au moment où tu mettras le doigt sur la raison cérébrale et/ou physique qui bloque ton bien-être sexuel. Comment accéder au bien-être sexuel ? En étant conscient·e que **la confiance en soi est un spectre large** : tu peux avoir confiance en toi dans le cadre du travail mais pas dans ton corps, tu peux avoir confiance en ton physique mais pas en ton mental, et inversement.

La confiance en soi varie en fonction de chaque personne. Pour certaines, elle va être évidente dans certains domaines, et dans d'autres, très compliquée. **Le but est de travailler chaque jour pour acquérir une confiance en soi plus ou moins stable dans tous les domaines, même si dans certains, elle sera toujours un peu plus basse ou un peu plus haute, ce qui compte est qu'elle soit présente.** Ton plus bel investissement à long terme, c'est ta propre vie. Tu as le droit de ne pas avoir confiance en toi, tu n'es pas à blâmer mais tu dois te positionner sur la ligne de départ du chemin de la confiance en soi. C'est ton point de départ vers l'épanouissement. Entraîne-toi à répéter cette phrase essentielle :

Mon épanouissement est important.

Ça fait du bien, n'est-ce pas ? Peu importe le temps que ça prendra, tu n'es pas obligé·e d'avancer tous les jours. Tu as le droit de reculer dans la vie. Un pas en arrière peut présager dix pas en avant le lendemain. Laisse le chemin de la confiance en toi te surprendre, et laisse tes ailes se déployer en douceur, laisse le vent caresser ton visage de jour en jour, pas après pas, tu y arriveras. Je crois en toi.

COMPRENDS L'ANATOMIE HUMAINE

Il est fondamental de s'instruire au sujet de l'anatomie humaine en alimentant ton éducation sur ton corps. Il me semble nécessaire de se familiariser avec son appareil génital : cela te permettra d'être conscient·e que **le clitoris est le seul organe répertorié dont le rôle est purement sexuel**, qu'il mesure 10 cm et qu'il se compose de 8000 terminaisons nerveuses rendant l'orgasme extrêmement puissant. Il est également important de connaître le rôle des ovaires, des trompes de Fallope, de l'endomètre, de connaître la définition de l'ovulation, de t'initier aux parties constitutives du cycle menstruel, d'être conscient·e de ce qu'il peut se passer en toi si l'un de ces organes est défaillant. Toutes ces informations sont purement scientifiques mais elles concernent ton corps, elles sont en toi : tu as le devoir et le droit d'en savoir davantage. **N'accepte plus de vivre dans l'ignorance de ce que tu es.** N'accepte plus que ton·ta professeur·e de sciences saute le chapitre sur le clitoris, lève la main et dis-le à voix haute. Les propriétaires de pénis de ta classe vont peut-être rire sur le moment (clairement, le pénis est tellement plus abordé en cours...), mais tu leur mettras la puce à l'oreille et ça n'a pas de prix. Si les femmes gardent le silence sur leur corps, c'est uniquement parce qu'elles ont peur d'être jugées négativement par les hommes. N'accepte plus cet état de fait. Assimile ces informations en gardant en tête que **nous sommes tous·tes différent·e·s**, mais que cela ne change rien au besoin de se familiariser à ces notions scientifiques car le rôle des organes est généralement le même pour nous tous·tes.

Lorsque j'ai entrepris mes études de sage-femme, je suis tombée des nues au moment d'apprendre toutes ces choses : je ne savais pas grand-chose de mon corps et cela m'a vraiment bouleversée lorsque **je me suis rendu compte que je ne connaissais pas mon propre intérieur**. Cette connaissance est inestimable au moment d'aller en consultation gynécologique car tu t'y rends déjà armé·e. N'hésite jamais à demander la définition des mots et de te renseigner par la suite. Le manque d'explications de la part d'un·e professionnel·le est une forme de violence gynécologique.

SCHÉMA DU CLITORIS

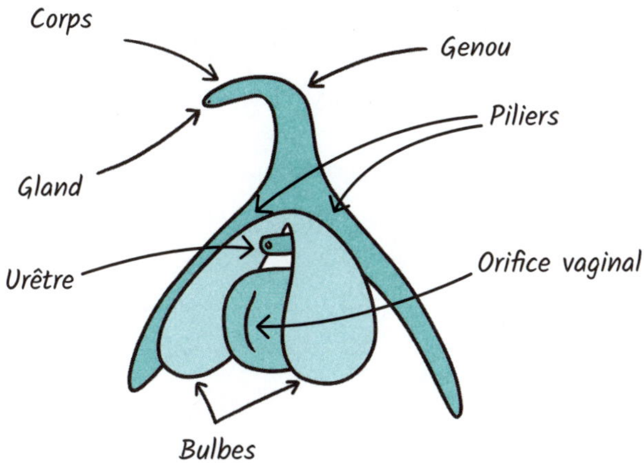

	Rôle
Ovaires	Libèrent l'ovule contenu dans le follicule. Sécrètent les hormones sexuelles féminines (œstrogènes).
Trompes de Fallope	Transportent les ovules fabriqués par les ovaires vers l'utérus.
Utérus	Accueille l'embryon et favorise son développement. Expulse l'embryon à son terme.
Col de l'utérus	Protège l'utérus des infections (grâce à la glaire). Fluidifie la glaire pour laisser passer les spermatozoïdes lors de l'ovulation. Se dilate lors de l'accouchement pour favoriser le passage du bébé.

10 FAITS SUR L'APPAREIL GÉNITAL FÉMININIn

1. Certaines personnes ont un utérus retroversé, ce qui signifie qu'il est orienté vers le rectum. Il n'y a pas de symptômes notables excepté pour un faible pourcentage de personnes qui peuvent subir des dyspareunies (douleurs lors du rapport sexuel), surtout dans certaines positions (comme la levrette).

2. Il existe plusieurs types d'hymens : imperforé (nécessité d'incision chirurgicale), pratiquement inexistant, annulaire (avec un trou circulaire), complaisant (très élastique, qui se dilate sans se rompre), labié (fente mince), cribriforme (plusieurs petits trous), semilunaire (ouverture contre la paroi vaginale). Certaines personnes naissent sans hymen donc, non, ce n'est pas si important que ça.

3. Les poils pubiens vivent environ 3 semaines contrairement aux cheveux qui peuvent vivre jusqu'à 7 ans.

4. Chaque vulve est différente. La taille, l'épaisseur, ou encore la couleur des « grandes et petites lèvres » est propre à chacun·e. De même, chaque vulve a une odeur différente, cette dernière provenant des sécrétions produites par le vagin... et chaque vulve est canon !

5 Lorsqu'il est excité, le clitoris se gorge de sang et libère de l'ocytocine, qui est l'hormone du plaisir (et de l'amour). À ce moment, le clitoris ainsi que les lèvres gonflent.

6 Lors de l'excitation, les glandes de Bartholin (situées au niveau des grandes lèvres) sécrètent de la cyprine, aussi connue sous le nom de « mouille ».

7 La vulve change de couleur en fonction de son afflux sanguin. En effet, lors de l'excitation, elle peut varier du rouge foncé au marron.

8 Le terme « con » désignait le sexe féminin avant d'être une insulte. Être « con » servait à qualifier quelqu'un d'impuissant comme le sexe féminin. C'est donc un terme totalement misogyne qui a pourtant perduré de siècle en siècle.

9 Il est impossible de perdre quelque chose dans son vagin. Autrement dit, un tampon ou une cup, par exemple, ne pourront pas aller plus loin.

10 De même que le clitoris, les « petites et grandes lèvres » sont des zones érogènes qui sont très innervées et qui peuvent être stimulées.

Connais ton propre corps

Une éducation autour de ton propre corps est fondamentale pour expérimenter l'épanouissement personnel. Nous sommes tous·tes différent·e·s. Tu sais peut-être que tous les pénis sont différents : taille, couleur, façon de stimuler, etc... Je suis ravie de t'annoncer que l'appareil génital féminin l'est aussi ! Comment connaître son anatomie ? Il faut commencer par **observer et se familiariser avec son appareil génital.** Au niveau sexuel, il me semble capital de faire connaissance avec son clitoris : en effet, il varie d'un corps à l'autre. Si tu jettes un œil au schéma qui accompagne mon texte, tu constateras la présence d'un capuchon. Ce fameux capuchon a généralement deux choix : soit il laisse une grande place au gland du clitoris et donc le frottement de ce dernier sera relativement simple, soit le gland sera vraiment enfoui, englobé très fort par le capuchon et il faudra donc le stimuler différemment.

Si tu n'as jamais eu d'orgasme (que ça soit tout·e seul·e ou avec une autre personne), sache qu'il existe des causes mentales qui peuvent bloquer l'accès à l'orgasme, mais cela peut également être dû à une cause mécanique : tu frottes peut-être ton clitoris d'une manière inadaptée, avec un seul doigt, par exemple. C'est naturel, chacun·e a sa propre technique pour se toucher : certain·e·s vont frotter leur vulve contre une surface (un coussin ou un vêtement...), cette technique est appelée le *humping*. Mais pour les personnes qui ont un **clitoris enfoui**, le frottement contre une matière échoue à provoquer l'orgasme : la première chose à faire est de faire ressortir le clitoris. L'idéal pour cela est de se masturber avec deux mains : une main pour ouvrir l'accès et une autre pour stimuler. Tout doucement, le clitoris va se gorger de sang et gonfler... l'accès à l'orgasme deviendra de plus en plus facile, même avec un·e partenaire. Pour les clitoris enfouis, **le vibromasseur est un excellent moyen de générer des vibrations puissantes qui vont aider le clitoris à gonfler et à sortir.**

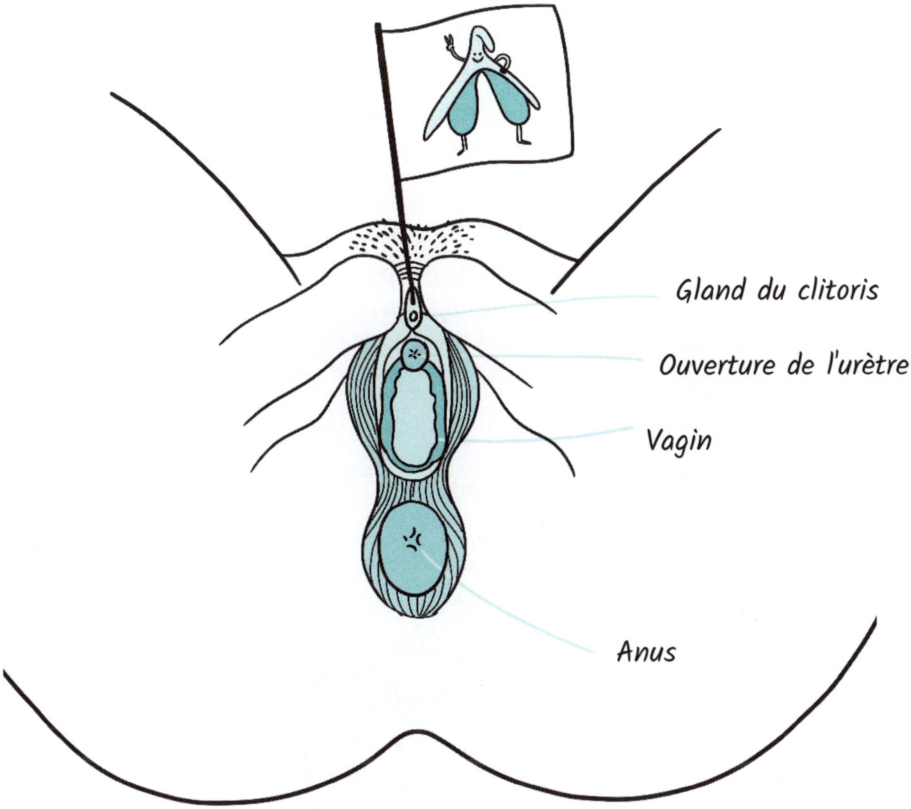

Nourris ton éducation sexuelle

Après avoir bien compris comment l'anatomie de près de la moitié de l'humanité fonctionne, et surtout la manière dont elle fonctionne pour *toi (malheureusement, par manque de connaissances à ce sujet, je ne peux pas décrire les sexes des personnes intersexes)* l'idée est de bâtir ton éducation sexuelle. Même si nous sommes tous·tes différent·e·s, cela n'empêche pas le fait qu'il y a **des points généraux importants à connaître sur la sexualité** : c'est en partant de ces généralités que tu vas développer **une connaissance approfondie et personnalisée de ta sexualité.** L'éducation sexuelle repose sur le fait de *connaître* : connaître les différents moyens de contraception existants pour déterminer celui qui te convient, connaître les infections sexuellement transmissibles et savoir comment t'en protéger, te familiariser avec les notions d'orgasme, de plaisir, avec les différentes positions sexuelles que tu peux t'amuser — ou pas — à tester pour savoir celles qui te conviennent le plus, comprendre ce que signifie le sexe non pénétratif (oral, manuel, etc.), l'utilité d'un lubrifiant, et tout plein d'autres connaissances qui vont progressivement enrichir ton éducation sexuelle.

9 INFOS POUR CONSOLIDER TON ÉDUCATION SEXUELLE

1. On ne parle plus de « maladies sexuellement transmissibles » (MST) mais d'« infections sexuellement transmissibles » (IST) car on estime que la plupart d'entre elles guérissent après un traitement.

2. Mis à part le virus de l'immunodéficience humaine (VIH), on ne recense aucune IST qui ne puisse être traitée. Et encore, l'année 2020 a vu un patient atteint du VIH en guérir grâce à la greffe de cellules-souches. Attention cependant : les autres IST peuvent également avoir des conséquences graves. Retiens, par exemple, que la chlamydia peut rendre stérile si elle n'est pas traitée sur le long terme.

3. Le préservatif, qu'il soit interne ou externe (oui, oui, il en existe deux différents), est le seul moyen de contraception qui protège des IST.

4. Si tu as un vagin et que tu as des rapports avec une personne qui, elle aussi, a un vagin : la digue dentaire est ton amie (c'est un préservatif externe qui a été découpé en forme de carré et qui se dépose sur la vulve).

5. Un·e partenaire qui retire son préservatif pendant l'acte car « il·elle ne sent rien » ou « ne bande pas » est un·e idiot·e irresponsable. Ce phénomène grave a un nom : le *stealthing*, et c'est une agression sexuelle.

6. La pilule du lendemain est une contraception d'urgence, tout comme le stérilet placé en urgence, mais ce recours ne doit pas être utilisé systématiquement et ne remplace pas une contraception régulière. Plus tôt elle est prise après le rapport à risque, plus elle est fiable.

7. L'orgasme est le point culminant du plaisir, c'est-à-dire une immense décharge d'hormones très puissantes, mais il ne détermine pas nécessairement la fin du rapport sexuel. Le rapport devrait idéalement se terminer au moment où ses participant·e·s sont satisfait·e·s, ou si l'un·e d'entre elles·eux ne souhaite plus continuer. On ne paye généralement pas l'addition au restaurant avant que l'autre ait fini de manger. Pareil pour le sexe.

8. Le sexe non-pénétratif inclut tout ce qui n'est pas de la pénétration en tant que telle, mais ça reste du sexe quand même !

9. Le lubrifiant n'est pas indispensable lors d'un rapport. Si tu ne mouilles pas, c'est peut-être que tu n'en as pas envie. Écoute-toi !

AIME-TOI !

Aime ta vulve

Beaucoup de personnes témoignent d'un complexe envers leur appareil génital, elles sont complexées par la forme de leurs grandes lèvres, celle de leurs petites lèvres… Sache pourtant que toutes les vulves sont belles. Et surtout, il y a un malentendu dans la langue française qui n'existe pas dans la langue anglaise, langue dans laquelle on distingue *lèvres internes* et *lèvres externes*. En français, on parle de « petites lèvres »… mais ces dernières n'ont pas nécessairement à l'être ! Nous sommes assez entouré·e·s de stéréotypes en tout genre : les cheveux, le cul, les seins… notre vulve peut-elle être elle-même sans qu'on vienne l'embêter ? **Sache que ta vulve est belle, et tu ne dois pas la comparer à ce que tu as pu observer dans les films pornographiques ou à ce que ton mental te dicte.** Tu dois te familiariser avec elle, la regarder en prenant ta douche ou en te contemplant face au miroir. Apprends à l'aimer telle qu'elle est et dépasse ce complexe en te poussant à l'assumer, laisse ton·ta potentiel·le partenaire aller la chercher, la toucher sous les néons d'une pièce éclairée. Un regard différent posé sur ta vulve pourrait aussi te faire le plus grand bien.

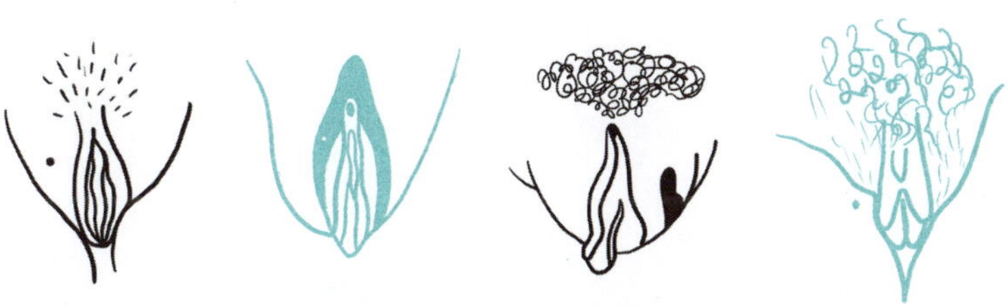

TOUS·TES DIFFÉRENT·E·S

Assume-toi

L'une des premières causes mentales qui freine le relâchement sexuel est le fait de ne pas assumer son corps. **Oui, je dis bien : « assumer ».** Je n'ai pas dit « aimer », car il s'agit d'une chose différente : tu peux parfaitement aimer ton corps face au miroir mais ne pas l'assumer devant un·e partenaire. Dans ce cas-là, tu vas focaliser toute ton attention sur des réflexions telles que : « Et s'il·elle n'aime pas mes seins ? » ; « Merde la lumière est allumée, il faut absolument que je trouve un moyen de l'éteindre ! » Si tu passes toute ta relation sexuelle à te soucier de ces détails, tu resteras dans une sphère de réflexion qui bloquera la montée du point culminant. N'ôte pas la chance à ton·ta partenaire de regarder ton corps avec amour, envie, passion parce que ce regard diffère du tien : tu vas le sentir se poser sur toi. Arrête de fuir, arrête de te cacher. Mets-toi à nu face à ton·ta partenaire et demande-lui : « Tu vois quoi, toi ? » Je peux te garantir qu'il·elle ne verra pas la même chose que toi. Mets tes complexes à nu, c'est le début d'une nouvelle relation à ton corps !

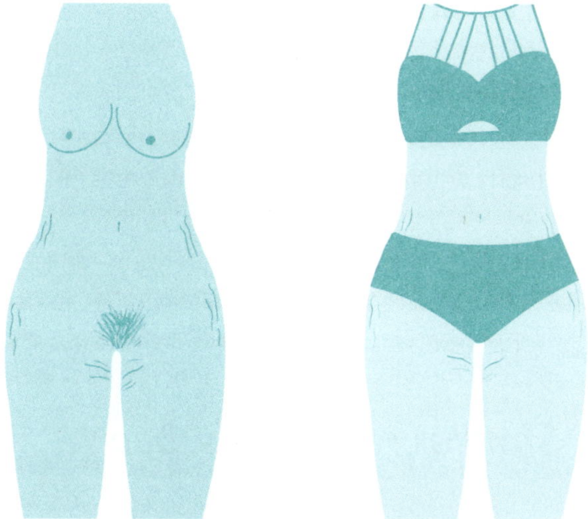

BELLE AVEC OU SANS

Ne te contrôle pas

N'essaye pas de contrôler ton image sexuelle lors d'un rapport : la prise de plaisir lors d'un rapport sexuel — pénétratif ou non — peut devenir difficile d'accès pour certaines personnes qui resteraient trop « cérébrales » en tentant de contrôler leur image. Fais ce que tu as envie de faire et exprime ce que tu ressens : fais du bruit si tu en as envie, ne pense pas à ta tête ou à la grimace que tu fais car ce n'est pas le moment d'être « présentable ». Le contrôle de soi est une entrave au rapport sexuel épanoui. Relâche-toi ! Ne laisse pas l'humain·e perfectionniste en toi porter atteinte à cet instant de pur lâcher-prise !

OUVRE TON ESPRIT

Le sexe passe par la communication

Il faut *sex-pliquer* ! Si tu assumes ton appareil génital, ton corps et que tu as compris comment ton clitoris fonctionnait le mieux (si tu as un clitoris) : c'est déjà un grand pas en avant, bravo ! À toi de transmettre ce que tu connais de toi à ton·ta partenaire. Tu dois le·la guider ! Cela n'a pas à être gênant, il s'agit simplement d'être honnête car l'époque où les femmes simulaient au lit est révolue !

Simuler, c'est has been !

Lorsqu'une personne effectue une fellation et qu'elle utilise ses dents, le·la partenaire réagit généralement dans la seconde : « Oh, pas comme ça, ça fait mal !» Même logique si tu as un·e partenaire qui n'a pas de vagin : il·elle ne sait pas comment ton corps fonctionne, et si tu gardes le silence pour flatter son ego, il·elle va être perdu·e quand il s'agira de comprendre comment fonctionne ton plaisir. À toi de lui dire : « Privilégie des mouvements du haut vers le bas, circulaires, plutôt à droite, plutôt à gauche, plutôt dans cette position, etc. »

Il est important de communiquer, car un rapport sexuel pénétratif ou non pénétratif épanouissant commence par la communication.

PETITES PHRASES BIENVENUES PENDANT L'ACTE !

1. « Tu aimes ça de cette façon ? »

   Si tu précises « de cette façon », cela laisse entendre qu'il existe plusieurs façons de faire et ça fait du bien !

2. « Tu veux me montrer la manière dont tu aimerais que je te touche ? »

   Rien de mieux que l'exemple par la démonstration !

3. « Ça te plaît ? » Il est important de donner l'occasion à son·sa partenaire de donner son avis sur le déroulement de l'acte.

L'orgasme vaginal est un mythe !

« L'orgasme vaginal »... Voilà une formulation bien imprécise. Une légende urbaine nous indique que l'*orgasme clitoridien* serait déclenché par *stimulation externe du clitoris* tandis que *l'orgasme vaginal* serait, au contraire, déclenché par les mouvements de va-et-vient effectués dans le vagin... Pause. **Il n'existe pas d'orgasme vaginal... et c'est une excellente nouvelle pour la majorité des personnes ayant un clitoris qui n'ont jamais expérimenté cet orgasme mythique en pensant qu'elles doivent avoir un problème !** Les deux orgasmes possibles sont clitoridiens. En effet, le clitoris est un organe entièrement dédié au plaisir : soit il est stimulé par frottement extérieur, soit il l'est par les mouvements de va-et-vient intérieurs… mais **le vagin ne peut littéralement pas avoir d'orgasme.** Le vagin est la voie par laquelle l'orgasme monte : l'orgasme est donc uniquement clitoridien. De plus, il existe aussi l'orgasme anal, l'orgasme cervical (par stimulation du col de l'utérus) qui est également appelé *deep spot*. Ce dernier s'atteint majoritairement quand la personne ayant un col de l'utérus se met dans une position permettant une pénétration profonde, par exemple « la levrette », mais les doigts peuvent aussi générer cet orgasme. Il existe également un orgasme par stimulation des lèvres, un orgasme par stimulation des mammelons. L'orgasme de la peau est également méconnu mais il peut mener à l'extase (caresses, massages, frottements…). Tant de genres d'orgasmes existent… mais pas le vaginal !

Pas obligé·e d'être pénétro-centré·e

Jette le mot « préliminaires » aux oubliettes et commence à considérer les choses sous un autre angle en parlant plutôt de « sexe non pénétratif ». Les dictionnaires définissent les préliminaires comme « quelque chose qui précède une chose plus importante ». Cela signifierait donc que le sexe oral (fellation, cunnilingus, etc.) et le sexe manuel (pénétration avec les doigts, branlette et autres pratiques avec des sex-toys) ne sont pas importants, qu'ils seraient simplement là pour « chauffer le terrain » avant la sacro-sainte pénétration vaginale. N'est-ce pas extrêmement réducteur, comme vision de la sexualité ? Pour beaucoup de personnes, la pénétration vaginale est une source de plaisir, mais pas d'orgasme. **Le sexe englobe des centaines de pratiques et ne se limite pas à la pénétration vaginale.** Le sexe oral est un sexe. Le sexe manuel est un sexe. Le sexe avec des sex-toys est un sexe.

Le sexe revêt plusieurs formes : à toi (et pas aux autres) de définir la forme qu'il prendra pour toi !

Tous les vagins sont « fontaines »

Cassons ce mythe qui circule depuis bien trop longtemps : les femmes communément appelées « femmes fontaines » ne seraient pas une catégorie de personnes. Tous·tes les propriétaires de vagins sont fontaines. Il suffit d'être correctement stimulé·e ! Parfois, lorsque certain·e·s propriétaires de vagins atteignent le point culminant, ils·elles libèrent naturellement des fluides ressemblant à de l'urine, et c'est ce qu'on appelle le *squirting*. Cela ne doit pas être confondu avec ce qu'on appelle classiquement « l'éjaculation féminine » (dans laquelle on libère une légère quantité de liquide laiteux), mais correspond plutôt à l'évacuation du liquide aqueux comme un jet. Ce liquide expulsé provient de l'urètre mais n'est pas de l'urine, même si l'urine est l'un de ses composants mélangé à beaucoup d'autres.

QUELQUES FAITS SUR LE *SQUIRTING*

1. Le *squirting* n'a pas toujours lieu, cela peut se produire uniquement si tu te sens détendu·e et que tu as envie d'y accéder pour ton propre plaisir. Si tu n'es pas detendu·e, ça ne se produit pas.
2. Avant d'atteindre le *squirting*, certain·e·s peuvent penser qu'ils·elles vont uriner et se bloquer : laisse-toi aller !
3. La façon la plus facile de *squirter* est la stimulation avec les doigts dans le vagin, et même hors *squirting*, les doigts sont un merveilleux pas vers le plaisir, ils peuvent se mouvoir de mille et une façons !
4. Ce liquide, notamment composé d'urine et de mouille, n'a pas une mauvaise odeur.
5. Le *squirting* n'est pas automatiquement synonyme d'orgasme.

Le sexe n'est pas un film porno

L'une des choses qui abîme le plus les rapports sexuels est le fait de s'inspirer des films de cul. Ils sont tous très standardisés : on commence par les « préliminaires », puis c'est la pénétration et c'est plié ! Cet ordre très prédéfini entre dans l'imaginaire de beaucoup d'individu·e·s qui souhaitent soit reproduire exactement la même chose pour entrer dans la norme, soit faire l'exact opposé en pensant : « Si c'est dans un film de cul, c'est que c'est sale. » **Les films pornographiques ne devraient pas servir de référence, car il ne devrait tout simplement pas exister de référence en matière de sexe : il devrait s'agir d'une activité libre !** Écoute-toi, teste des choses sans répondre à une *to do list* que la société t'aurait imposée : fais exactement ce que tu as envie de faire au moment où tu en as envie. Là, tu te demandes peut-être : « Mais si je ne me fie pas aux films pornos, comment avoir une idée de la façon dont l'acte se passe ? » C'est simple, tu peux avoir accès à des documents, des livres, sans t'interdire le visionnage de films pornos : tu peux en regarder en ressentant beaucoup de plaisir, mais en gardant également à l'esprit que ça reste des acteur·rice·s et que ce n'est pas la vraie vie. Dans ce genre de films, tout est caricaturé : la taille des pénis, la sur-épilation, les scénarios, la manière dont les corps sont mis en valeur, la bande-son... Ces artifices ne peuvent pas constituer la norme sur laquelle te fixer puisque **la simulation et l'exagération sont la clé de cette industrie !**

Dans la vraie vie, ça ne se passe pas comme dans ces films et tu te dois d'en être conscient·e quand tu as des rapports : différencie le vrai du faux, ne laisse pas ce genre de film porter atteinte à ton schéma corporel. Si je dois citer une chose positive concernant les films pornos en général, c'est que leur visionnage te permet de **libérer certains fantasmes cachés, tout comme certaines pulsions qui sont tout à fait naturelles.** Il peut s'agir de choses que tu ne pourrais pas ou ne voudrais pas réaliser dans la vraie vie : à ce moment-là, les voir peut calmer ton inconscient et soulager une éventuelle frustration. Tu peux même t'amuser à imaginer ton propre film porno, en visualisant la scène, le lieu, la personne et le scénario sur-mesure qui te plairaient.

Tu peux te fantasmer en train de prodiguer une branlette espagnole (masturbation du pénis avec les seins) à ton·ta partenaire, si l'idée t'excite, tu pourrais même lui proposer, par la suite, de réaliser ce fantasme dans la vraie vie (ce qui sera l'occasion idéale de vérifier que ça te stimule autant dans la vraie vie que dans tes fantasmes). Tu peux aussi garder ton film porno idéal à l'état de fantasme et en profiter seul·e. Beaucoup de petites choses peuvent te venir à l'esprit, à toi de voir si tu es prêt·e à en parler et à les tester si elles sont réalisables… Dans ce cas, saute le pas !

LE SEX-TU?

1. Certaines études affirment qu'une personne ménopausée mais qui a des relations sexuelles régulières ressentirait moins les symptômes de la ménopause.
2. Le chocolat a bien des propriétés aphrodisiaques mais il faudrait en manger des quantités astronomiques pour que ces effets commencent à agir.
3. Les propriétaires de pénis ont également un cycle hormonal, mais ce dernier dure uniquement 24 heures : il s'agit du cycle nychtemeral qui se manifeste par l'érection matinale.

Élimine ce qui porte atteinte à ta sexualité

Voici un exemple de chose pouvant porter atteinte à une sexualité épanouie : certaines personnes qui prennent une pilule contraceptive constatent qu'elles ont une libido très basse, voire absente, libre à elles de changer de contraception si cet état de fait les déprime. Même chose pour celles qui ont un dispositif intra-utérin en cuivre ou hormonal et qui vont être victimes de cystites à répétition pouvant également nuire à leur épanouissement sexuel. Si c'est possible, il ne faut pas hésiter à changer de moyen de contraception. La contraception naturelle — alias la symptothermie — n'attend que toi.

POUR UNE SEXUALITÉ POSITIVE

Ton consentement est fondamental

Céder n'est pas consentir. Cela signifie que si un·e partenaire te met la pression pour avoir un rapport sexuel (pénétratif ou non) et que tu n'en as pas envie ou que tu n'es pas sûr·e d'en avoir envie : tu n'as pas à céder. Si un·e partenaire insiste dix fois pour obtenir un rapport et que tu dis « oui » au bout de la onzième fois : tu cèdes à une pression psychologique sans délivrer un consentement affirmé. Autrement dit, tu deviens **victime d'un rapport contraint**.

Un bon rapport sexuel repose sur le consentement mutuel de ses participant·e·s. Soyons clair·e·s : le **consentement est indispensable** dans toute relation, même si tu as déjà eu des rapports sexuels à de multiples reprises avec une personne, **ton consentement doit être renouvelé ; il n'est jamais automatique.** Si tu n'en ressens pas l'envie, tu n'es pas obligé·e. Même chose pour ton·ta partenaire : demande-lui si il·elle en a envie. Ceci concerne toute la sphère sexuelle et pas seulement les rapports physiques :

l'envoi de *nudes* en est un bon exemple. Un *nude* n'est ni sale, ni vulgaire en soi. Si des *nudes* sont envoyés de manière consentie entre deux personnes, alors tout est parfait. En revanche, l'envoi spontané de *nudes* constitue une forme d'agression, surtout si la personne en face ne s'attendait pas à en recevoir ou ne souhaite pas y être confrontée. Demande donc à ton interlocuteur·rice si il·elle est consentant·e pour en recevoir (stop aux *dick pics* impromptues qui relèvent du harcèlement !).

Guéris de tes traumatismes

Je sais ce que c'est, ces traumatismes, ces blocages qui te suivent jusque sous tes draps. **Ton corps est peuplé de cicatrices invisibles : ce sont les pires puisque personne ne peut les voir excepté toi.** Qu'il s'agisse d'un viol, d'un acte sexuel non consenti, d'attouchements, de harcèlement, de paroles ou d'actes violents, ces traumatismes finissent par nous rattraper, même quand on pense les avoir surmontés, et c'est douloureux. Mon premier conseil est de te confronter à ce mal-être, en te confiant à quelqu'un, par exemple. Comme les cicatrices que j'évoque sont invisibles, si tu ne les montres pas, personne ne pourra les voir.

D'après mon expérience personnelle, les traumatismes d'ordre sexuel ne se guérissent pas seuls. En effet, l'être humain manque souvent d'autonomie pour surmonter ses traumatismes et ses douleurs — visibles ou invisibles, sexuels ou pas. Nous tâchons de rallumer notre lumière intérieure auprès de quelqu'un d'autre, en comptant sur la personne qui posera une crème réparatrice sur nos cicatrices. **Il n'y a rien de mal à ne pas être indépendant·e quand il s'agit de reconstruire une part de soi.** Qu'il s'agisse d'un·e médecin, d'un·e psychologue ou d'un·e proche, le recours à l'autre peut être une libération. Nous avons besoin les un·e·s des autres pour nous en sortir et il n'y a aucun mal à cela.

Et si tu te demandes si on peut guérir de ses traumas, je peux te dire, d'après mon expérience personnelle, que oui : j'en ai guéri. **Si tu es sensible aux récits de viols et d'agressions sexuelles, je te conseille de sauter ce paragraphe.** Ce traumatisme, je l'ai vécu sur ma propre peau, dans mon propre intérieur. En effet, le 17 novembre 2017, j'ai subi un viol par un mec que j'avais rencontré sur Tinder. Je me souviens que j'étais à l'anniversaire d'une amie, que je devais prendre le métro pour rentrer et que ce mec m'avait appelée en me disant : « Tu veux que je te commande un Uber ? Il est tard. » C'est ridiculement absurde quand tu connais la suite. J'étais passée chez lui plus tard pour qu'on discute en marchant. On était posés devant chez lui. Mois de novembre à Bruxelles, il faisait horriblement froid et il m'a proposé à plusieurs reprises de rentrer chez lui mais je n'en avais pas envie. Il m'a proposé de rentrer me chercher une écharpe pour que j'aie moins froid. Tu vois, le genre de mec hyper attentionné ? Une écharpe, un Uber... Et là, mon cauchemar a commencé.

Je me suis fait enfermer dans cet appartement. J'ai été frappée, dénudée et violée par cette ordure. Je me suis enfuie de chez lui a 5 heures du matin. J'ai couru tellement vite, tellement loin. Je me suis rendu au travail. Je commençais à 6 heures et je ne l'ai dit a personne jusqu'à ce que mes crises d'angoisses commencent, jusqu'à ce que mon rapport à mon corps change. J'en ai parlé à ma meilleure amie qui m'a épaulée, tant bien que mal. C'était dur mais j'ai réussi à me reconstruire. Le premier pas que j'ai effectué, c'est de faire changer la honte de camp. Je n'ai pas honte. C'est lui qui doit avoir honte. J'ai commencé à le détester tellement fort, et ça m'a fait du bien. Puis je suis devenue ma priorité et ça m'a fait du bien. Et ainsi de suite, je me suis reconstruite. La seule chose que je regrette, c'est d'avoir été directement au travail. Avec du recul, je me dis que j'aurais dû porter plainte immédiatement, sans attendre, mais j'étais trop bouleversée pour quoi que ce soit.

Il n'existe pas de mode d'emploi pour ce genre de trauma. Sache juste que tu ne dois pas avoir honte : tu es la victime. « Je me suis fait violer. » Non. Cette phrase, à la forme passive, est fausse. Quelqu'un t'a violée : toi, tu n'as rien fait. Le verbe « faire » n'a rien à faire là. Ne t'approprie pas l'acte d'une autre personne : « J'ai subi un viol » est plus correct. N'hésite pas à en parler, ou pas si tu n'en as pas envie. L'injonction à la parole après un traumatisme me rend folle : « Il faut en parler » ; « Tu dois en parler ». Non, parler est important mais écouter et surtout s'écouter est d'autant plus important.

LAISSE CERTAINES IDÉES REÇUES DERRIÈRE TOI

Le lubrifiant n'est pas un automatisme

Parlons du lubrifiant qui, pour certaines personnes, est devenu un accessoire indispensable dans leur sexualité : si tu n'es pas assez lubrifié·e et que clairement tu ne mouilles pas, cela peut simplement signifier que ton vagin n'est pas prêt : ton corps t'envoie peut-être un message. Prends le temps de l'écouter, de ne pas systématiquement prendre ce tube de lubrifiant pour effectuer un rapport sexuel. Tu peux laisser le temps à ton vagin, plus précisément à tes glandes de Bartholin, de s'activer. Le rythme n'est pas le même pour tous·tes et si un·e partenaire te dit que « tu ne mouilles pas assez vite », c'est qu'il·elle te compare à un·e ancien·ne partenaire et ce n'est pas acceptable !

Si tu souffres de sécheresse vaginale, je te conseille plutôt d'en rechercher la possible cause, peut-être une contraception hormonale ? Analyse ta relation avec ta sexualité et n'hésite jamais à en parler à ton·ta professionnel·le de santé. Si tu as vraiment besoin de lubrifiant, n'hésite pas à utiliser ta salive dans un premier temps (la tienne ou celle de ton·ta partenaire) et à privilégier des lubrifiants naturels : gel d'aloe vera ou huile de sésame, par exemple. Mais attention à ne pas mélanger l'usage d'huile et le port d'un préservatif... c'est incompatible !

Sois sexuellement « égonereux·se »

Tu as relu le mot deux, trois fois ? C'est normal, ce mot n'existe pas, je l'ai inventé en mélangeant deux mots : « égoïste » et « généreux·se ». Ce néologisme représente selon moi l'équilibre parfait qu'on pourrait imaginer dans une relation sexuelle : être aussi égoïste que généreux·se. En prenant du plaisir, tu t'éclates tout en guidant ton·ta partenaire sur ce qui te fait vibrer. Tu peux lui rendre la pareille : être généreux·se en observant ce qui lui fait du bien et t'adapter.

La libido n'est pas une ligne droite

La libido est une énergie, une sorte d'eclair qui surgit en toi, mais elle n'est certainement pas une ligne toute droite. Elle varie tellement ! En fonction de toi, de ton *self-love*, de ton rapport à corps... ta libido peut être impactée lors d'une masturbation ou de rapports avec autrui. La libido est aussi influencée par le·la partenaire devant toi : certaines personnes affirment avoir un appétit sexuel différent selon le·la partenaire qui leur fait face et c'est normal ! La libido peut être stimulée par le regard, des caresses, des mots, les sextos, des *nudes*... Beaucoup de personnes pensent avoir « une libido basse » alors que non, ta libido t'appartient et varie selon ton humeur et la personne qui va ou non l'inspirer. La libido s'apparente plutôt au mouvement des vagues qu'à une simple ligne droite.

La masturbation ne te brisera jamais le cœur

Masturbe-toi si tu en as envie. Cela ne doit pas être honteux ou gênant et tu ne dois pas te sentir bizarre lorsque tu t'adonnes à cette activité. C'est totalement normal de se masturber, de se donner du plaisir et de se faire kiffer. C'est une bonne dose de *self-love* à s'injecter, alors profites-en pour en savoir plus sur toi, sur ce que tu aimes, sur ce qui te fait jouir, sur tes envies sexuelles et tes fantasmes. Si tu as un clitoris audiophile, n'hésite pas à te masturber sur les audios Voxx, ils sont ouf !

La jouissance est importante

L'orgasme n'est pas le but ultime. L'injonction de l'orgasme ? Cette question revient très fréquemment quand quelqu'un raconte qu'il·elle a sexé avec une personne : « Et alors ? T'as eu un orgasme ? » Est-ce qu'on ne s'en foutrait pas ? Prenons exemple de la langue anglaise qui a un seul mot pour exprimer cela : « *to cum* », parce que finalement, ce qui est vraiment important, c'est que tu expérimentes un moment d'extase, de kiff, de lâcher-prise, que tu prennes du plaisir sans avoir l'orgasme comme destination finale car, de toute facon, penser constamment à l'orgasme bloque le corps. Lâche-toi et jouis comme bon te semble !

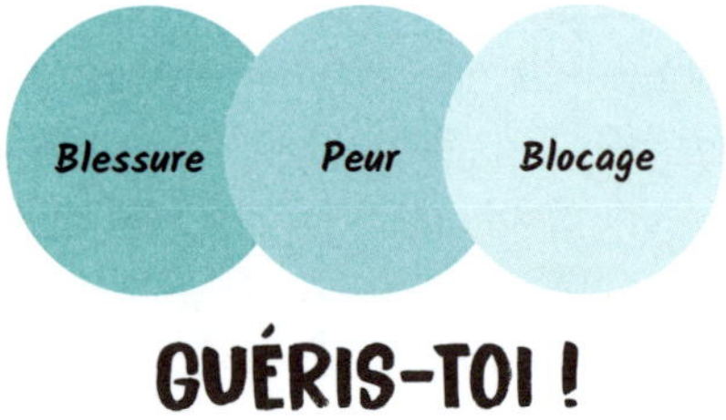

Chapitre 2
TU ES CYCLIQUE, pas dingue !

☾ ♥ ☽

LA CONNAISSANCE EST TA MEILLEURE ARME

La différence majeure entre le fonctionnement hormonal féminin et le fonctionnement masculin est le fait que le premier est cyclique tandis que le second est continu... Je m'explique ! Les propriétaires de pénis sont fertiles en continu : leurs spermatozoïdes (hors pathologie) peuvent toujours féconder tandis que le cycle menstruel suit différentes phases : c'est un mécanisme magique, puissant et intense. **C'est notamment pour cette raison que je ne conseille pas la contraception hormonale : les hormones à l'œuvre éteignent en partie la magie naturelle du cycle menstruel.** Chacun·e fait évidemment ses propres choix et je ne me permettrais certainement pas de juger les personnes sous contraception hormonale. L'objet de cet ouvrage est, au contraire, de te guider.

Ce cycle nous accompagnant généralement pendant de très nombreuses années, les différentes phases se suivent, l'une après l'autre, jusqu'à la ménopause. Ces phases ne sont jamais les mêmes, certaines sont d'ailleurs plus puissantes au niveau sensoriel que d'autres : oui, en effet, tu peux ressentir un cycle plus qu'un autre. **Beaucoup de choses sont influencées par la puissance des hormones : ton humeur, ton appétit sexuel, l'état**

de ta peau, de tes cheveux, ton niveau de stress, etc. Il est important de connaître les phases du cycle et les effets qu'elles peuvent générer sur ton corps car plus on se connaît, mieux on est armé·e pour se battre dans le monde.

C'est à toi de construire ton éducation vis-à-vis de ton corps pour te sentir fort·e et confiant·e, mais surtout pour être capable de te défendre face aux violences obstétricales et gynécologiques — qu'elles soient physiques ou verbales — si tu devais y être confronté·e. Cette connaissance de ton corps sera ta première arme face à un·e gynécologue ou tout autre professionnel·le de santé qui tenterait de t'imposer une violence en lui rétorquant que tu connais ton corps et que la pratique ou le propos qu'il·elle tente de t'imposer est inacceptable.

Aucun·e professionnel·le de santé n'est à l'abri de commettre une erreur. En tant qu'étudiante sage-femme, je suis bien placée pour en témoigner. Je soutiens le milieu de la gynécologie tout en restant consciente qu'il peut manquer d'empathie et d'écoute. Certain·e·s professionnel·les peuvent se révéler têtu·e·s et peu ouvert·e·s au discours du·de la patient·e. Sur ma page Instagram, j'ai été en contact avec de nombreuses personnes qui ont erré pendant des années avant de trouver un·e professionnel·le prêt·e à les écouter et prendre au sérieux leurs symptômes avant d'envisager une solution adaptée.

Je souhaite que le principe suivant soit clair pour toi : l'idée n'est pas de *survivre* à ton cycle mais plutôt d'*apprendre à vivre avec*, ressentir ses différentes énergies et en profiter. Je t'encourage carrément à **rentabiliser ton cycle**. Ton cycle est divisé en quatre étapes et les énergies ne sont pas les mêmes selon chacune. On parle de quatre étapes connues sur le nom de : idéation, création, exécution et évaluation. Si tu es en période d'ovulation, par exemple, tu vas avoir envie d'agir sur toutes les idées qui ont germé en toi durant les phases précédentes, c'est donc le parfait moment de sauter le pas pour concrétiser certaines idées, le moment d'entreprendre des choses qui te font peur, ou de te lancer dans des projets qui te font habituellement reculer d'appréhension. Pendant tes menstruations, je te conseille plutôt de rechercher des nouvelles idées, parce que ton hémisphère droit est plus connecté à ton hémisphère gauche et que tu peux en profiter. Suite aux menstruations, arrive la phase « pré-ovulatoire », c'est l'occasion d'être stratégique : c'est l'heure des premières idées concrètes, des premiers coups de fil. Après, vient l'ovulation et tu l'auras compris : ton power explose ! La quatrième phase prend place : le syndrome prémenstruel fait son entrée et correspond à une chute hormonale brutale qui te donne envie de te refermer sur toi et c'est ok.

L'idée n'est pas de survivre à ton cycle mais plutôt d'apprendre à vivre avec, ressentir ses différentes énergies et en profiter

LE CYCLE MENSTRUEL LUNAIRE

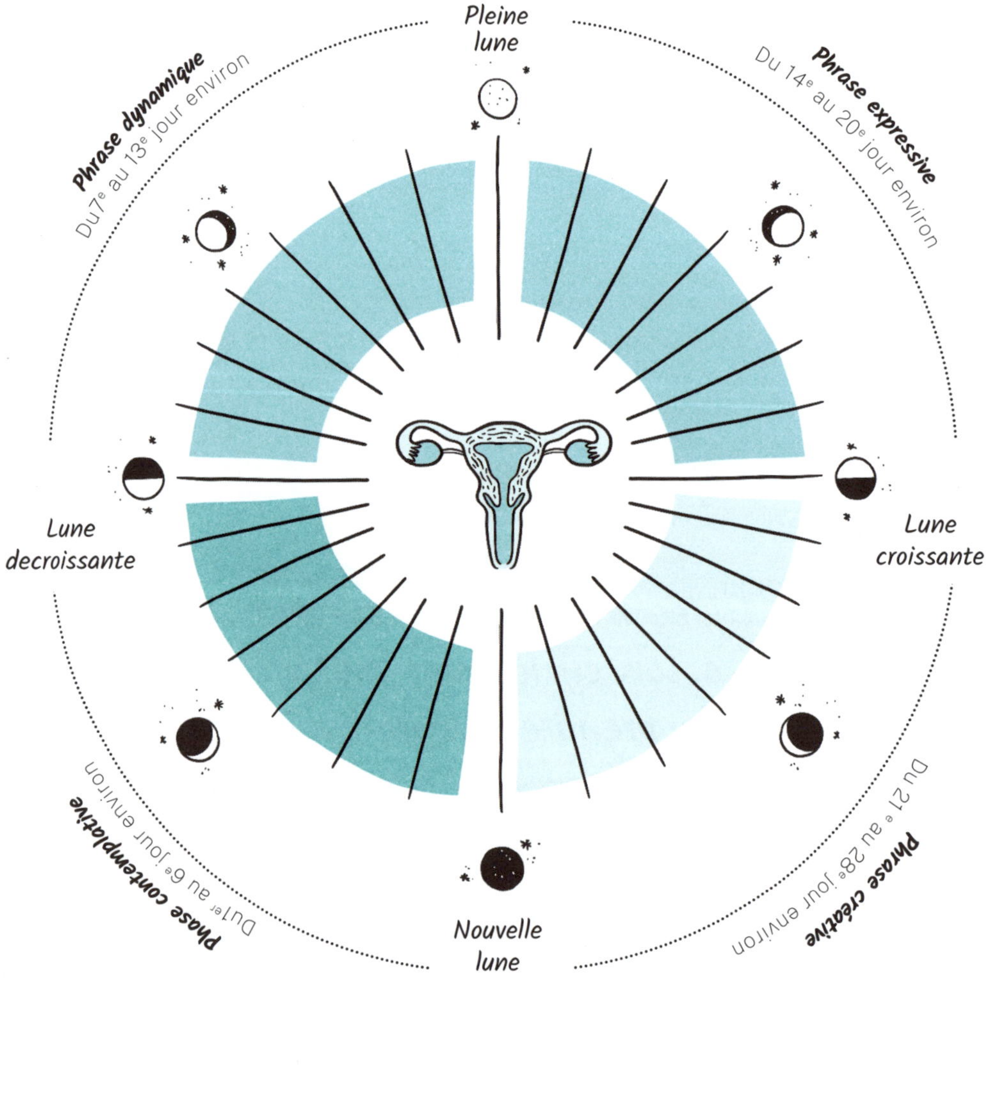

LUNE CROISSANTE : LA VIERGE

Phase pré-ovulatoire printemps

Positivité. Enthousiasme, énergies de renouveau. Période idéale pour les nouveaux projets. Besoin de sommeil quasi inexistant et pas de fatigue. Le corps prend ce qu'on lui offre. Les système veineux, circulatoire et lymphatique sont en éveil. Dynamisme, confiance, action, un bon moment pour s'offrir une connexion à ses énergies avec un massage énergétique, par exemple. Énergies sexuelles : amusement, fantaisie, sociabilité, séduction, sensualité juvénile, fraîcheur.

PLEINE LUNE : LA MÈRE

Phase ovulatoire été

Ovulation, expression de la puissance féminine et libido à son apogée. Énergie protectrice et empathique. Altruisme. Excellente humeur. Fonctionnement du foie et des reins optimal. Amour désintéressé, amour des autres, rayonnement, harmonie. Énergies sexuelles : l'énergie sexuelle se fait plus forte et les rapports sexuels traduisent l'amour profond pour votre partenaire, le don de soi, l'offrande à l'autre.

LUNE DÉCROISSANTE : L'ENCHANTERESSE

Phase prémenstruelle automne

Le corps n'est pas fécondé, mélancolie, nervosité. Les énergies qui devaient se développer dans l'œuf sont enfouies et s'accumulent en soi. Même si tout le monde ne souhaite pas d'enfant, et c'est ok, le corps s'y prépare à chaque cycle. Agitation, intolérance, irritabilité, fortes énergies créatrices ou destructrices. Énergies sexuelles : sensualité, séduction et érotisme.

NOUVELLE LUNE : LA SORCIÈRE

Phase de menstruations hiver

Règles, libération, tranquillité avant le renouveau. Moment pour se reconnecter à soi, laisser ses émotions s'exprimer. Phase d'introspection. Fatigue physique et besoin de sommeil, il est temps de prendre du temps avec soi. Solitude, fatigue, obscurité, intuition, réflexion. Énergies sexuelles : la sexualité est empreinte d'un profond sentiment amoureux. La femme ressent le désir de s'unir physiquement et psychiquement (corps et âme). Sexualité presque spirituelle.

LES RÈGLES, PARLONS-EN !

Le cycle menstruel lunaire

Dans l'illustration ci-dessus, je compare le cycle menstruel au cycle lunaire, mais on pourrait aussi le comparer au cycle des saisons. Le cycle menstruel se manifeste tout d'abord par les menstruations : les règles. En effet, ces dernières marquent le *début* du cycle et pas sa fin, contrairement à une idée reçue.

- **Les menstruations sont comparables à l'hiver** : la saison où on ressent l'envie de se poser au fond du lit, au chaud, avec une folle envie d'hiberner et un grand besoin de repos. La période des règles nécessite une bonne vague de lâcher-prise. Cela n'a rien d'évident, surtout lorsque cette phase est associée à de la douleur. Le repos est absolument à privilégier.
- Après les règles, vient **la période pré-ovulatoire : c'est le printemps.** Ton corps commence à se réveiller. Imagine cette phase comme l'odeur du printemps qui commence à s'installer : un vent d'air frais vient te chatouiller. C'est une chouette période dans ton cycle menstruel.
- **Puis l'été introduit la période d'ovulation.** La glaire cervicale (qui est une substance visqueuse blanchâtre que tu trouveras dans ta culotte de façon plus abondante à l'approche de l'ovulation) se fait plus liquide… ta libido, ton appétit sexuel se feront plus largement ressentir, mais si ce n'est pas le cas, ce n'est pas grave, la libido n'est pas une obligation. C'est en effet le moment le plus fertile de ton cycle. Tu te sens ambitieux·se, fort·e. Tu es de bonne humeur.
- **L'automne sonne le glas du syndrome prémenstruel.** Tu es ici en période d'infertilité, ta fenêtre de badass est momentanément fermée (mais tu restes quand même un·e badass,

rassure-toi !) Tu peux te sentir d'humeur changeante ou mélancolique… ça annonce la couleur : les règles ont envie de pointer le bout de leur nez.

Je parle de fertilité car, oui, le corps ayant un utérus se prépare tous les mois pour accueillir une grossesse. Biologiquement, les hormones nous font ressentir des choses mais sache que c'est loin d'être une obligation. **Être fertile et vouloir des enfants sont deux choses différentes, et tu as le droit d'être *childfree* (mot anglais qui signifie ne pas vouloir d'enfants, il n'a pas d'équivalent en français).**

Ce que je souhaite préciser, c'est qu'on parle parfois trop vite de « cycle irrégulier », en considérant cela comme un problème… et si on sortait de la norme et de ces cases trop étroites en considérant simplement que tous les cycles sont différents ? Et surtout, ce que j'aimerais casser comme injonction, c'est celle du « cycle parfait ». **Il faut comprendre et accepter que, hors contraception hormonale, ton cycle est à 100 % naturel donc il ne sera jamais parfait. Le cycle est une énergie puissante, imparfaite, qui n'attend qu'une chose : que tu l'interprètes quotidiennement.** Ton cycle ne peut pas parler, il n'emploiera jamais de mots mais il essaye constamment de communiquer avec toi : via les maux, parfois, un silence qui te torture, ou un bruit trop intense… mais il essaye de se connecter à toi !

Focus sur les règles

Certaines personnes n'ont pas leurs règles régulièrement et cela est généralement dû au fait que leur cycle a été anovulatoire. Un cycle anovulatoire signifie un cycle sans ovulation, je te rassure, ce n'est pas grave de ne pas ovuler, ça arrive ! Certaines personnes ovulent une fois dans le cycle, d'autres deux fois, d'autres encore pas à tous les cycles et certaines pas du tout. Chaque phase du cycle est liée : pas d'ovulation, pas de règles. Hors pathologie, cela n'est pas spécialement grave : pense simplement à aller consulter pour faire des examens plus approfondis. **L'un des plus gros éléments des menstruations, c'est la douleur. Un mot difficile à utiliser car nous vivons dans une société où la douleur est souvent mal perçue.** Par exemple, en tant qu'étudiante sage-femme, j'ai participé à des accouchements formidables avec des sages-femmes qui m'ont appris à faire libérer énormément d'endorphines aux patientes afin qu'elles ne souffrent pas. J'ai également été formée par une professeure magique qui abordait le thème de la douleur et de sa gestion avec beaucoup d'empathie et de bienveillance.

La douleur n'est pas plaisante, avoir mal n'est pas agréable. Mais la douleur de l'accouchement devrait avoir un autre nom, un nom qui s'accorde plus avec le travail en salle d'accouchement. La douleur que certaines pathologies peuvent engendrer pendant les règles sont monstrueuses (l'endométriose, par exemple). On ne le dira jamais assez : il n'est pas normal d'avoir aussi mal pendant ses règles. Je le dis à chaque personne avec qui je discute : ne te plie pas à la maladie, ne la laisse pas dévorer toutes tes ondes positives, mets en place des choses, vis avec[1]. On parlera d'endométriose plus bas car c'est un sujet fondamental lorsque l'on parle de vagin et d'utérus.

Hors pathologies terribles, il me semble essentiel de distinguer la douleur des « tiraillements » provoqués par les menstruations. Il existe de nombreux remèdes naturels pour mieux vivre ce passage difficile

---

1. Je vous conseille, à ce sujet, le livre *En coloc avec l'endométriose : cohabiter avec cette indésirable* écrit par Fanny Robin.

et je vais vous partager les miens dans cet ouvrage. On vit dans un monde où les choses changent, certes, mais elles n'ont pas toujours été ainsi. **On a souvent diabolisé le fait d'avoir un vagin, comme s'il nous « manquait quelque chose ». On nous a énormément fait payer nos différences physiques et physiologiques.** Je peux te garantir que certaines douleurs et que certains blocages viennent de loin.

Concernant la douleur des règles, le mode de vie mérite parfois d'être entièrement rééquilibré. À commencer par la nourriture, par exemple : énormément de personnes ayant leur règle témoignent d'une réduction de cette douleur en souscrivant aux régimes végétarien ou végane. Je n'oblige personne à suivre ces modes de vie mais leur aspect sain peut réellement aider dans les périodes difficiles. J'encourage globalement à manger plus frais (ce qui est bien meilleur pour la santé que les plats industriels préparés qui n'ont pas de nutriments réels), plus local, bio, à varier ses apports en protéines, à augmenter les fibres tout en consommant beaucoup d'eau. Encore un exemple ! J'ai discuté avec des personnes qui ont vu leur douleur (ou tiraillement) diminuer en buvant deux litres d'eau par jour. En plus de cela, certains problèmes intestinaux peuvent agraver la douleur des règles : si c'est ton cas, consulte un·e professionnel·le de santé, un·e naturopathe pour préparer un protocole adapté. Même conseil pour tous les problèmes de type ballonnements ou gaz qui méritent d'être réglés car eux aussi influencent la douleur pendant les menstruations. Pour conclure, je te conseille de faire attention aux produits que tu utilises pendant les règles : énormément de tampons et de serviettes périodiques sont composés de perturbateurs endocriniens qui peuvent augmenter la douleur.

Focus sur le syndrome prémenstruel (SPM)

Il est capital de savoir comment ton cycle fonctionne, et je précise bien ton cycle, car chaque corps est différent. La première étape, chez certain·e·s, c'est le syndrome prémenstruel qui annonce les menstruations via un cocktail molotov de symptômes physiques et émotionnels ! On n'en parle clairement pas assez (merci, la société !) mais le SPM répertorie plus de 150 symptômes et il est vital de les identifier pour comprendre que tu es cyclique et pas dingue. Les symptômes les plus fréquents sont les suivants :

- crampes d'estomac ;
- puissantes envies alimentaires (je suis capable de dévorer trois tonnes de chocolat sans ciller) ;
- poussée d'acné ;
- ballonnements ou prise de poids injustifiée ;
- agitation, stress ;
- maux de tête
- envie de massacrer son·sa partenaire (oui, bon, ce n'est pas scientifiquement prouvé mais je maintiens) ;
- baisse de l'estime et de la confiance en soi ;
- sautes d'humeur...

En plus de ces symptômes, il faut savoir que le SPM varie en fonction de la personne, selon un classement bien précis élaboré par le Dr Guy Abraham. Ce dernier a proposé une classification de ce syndrome ! Ce que j'aime dans cette classification, c'est qu'elle permet de s'identifier et une fois qu'on a trouvé quel type de SPM nous avons, le traiter ou du moins le gérer devient plus facile.
Le classement du Dr Guy Abraham (tu peux être concerné·e par plusieurs points) :

- A : Anxiété → troubles de l'humeur, anxiété, insomnies, irritabilité.
- H : Hydratation → retention d'eau, gonflements, ballonnements.
- C : Craving → envie de sucre, fringales, vertiges.
- D : Dépression → tristesse, envie de pleurer, confusions, idées noires.

Personnellement, mon syndrome prémenstruel est marqué par les phénomènes suivants : je deviens très susceptible et prends tout à cœur. Je suis sur les nerfs et deviens agressive pour un rien. Donc je dirais le A et le C parce que j'ai envie de dévaliser une pâtisserie ! La durée de cette phase varie d'une personne à l'autre, entre une simple journée jusqu'à dix jours pour certain·e·s !

ZOOM SUR LE TROUBLE DYSPHORIQUE MENSTRUEL

Il s'agit d'une forme sévère du syndrome prémenstruel pouvant se révéler handicapante, voire dangereuse : perte d'intérêt pour la vie, épisodes dépressifs, forte agressivité, angoisse pouvant conduire à des idées suicidaires. Ces symptômes peuvent ressembler à ceux d'une dépression nerveuse. Les causes peuvent être : une trop forte sensibilité aux variations hormonales, une baisse de la concentration en sérotonine (l'hormone du plaisir) et une libération anormale de neurotransmetteurs. Donc non, ce trouble n'est pas imaginaire, il est bien réel, comme le SPM.

Les migraines cataméniales

L'un des plus gros symptômes (que je subis) entourant l'apparition des règles est la migraine cataméniale. Cette migraine est influencée par les hormones du cycle menstruel et surgit avant ou pendant les règles, au moment où le taux d'œstrogènes diminue brutalement. Les œstrogènes sont des hormones secrétées en grosses quantités. *Fun fact* : ces hormones sont aussi présentes en petite quantité dans les testicules.

L'œstrogène est une hormone naturelle, sécrétée par l'ovaire, assurant la formation, le maintien et le fonctionnement des organes génitaux féminins et des seins. Ces œstrogènes jouent un rôle clé chez les propriétaires d'ovaires, notamment au niveau de la lubrification vaginale et de la libido. Ils influencent également les menstruations : leur chute brutale va déclencher ces fameuses pertes de sang. Je t'explique : ton petit ovocyte qui essaye de mûrir pour être expulsé (oui, il veut sortir pour rencontrer un spermatozoïde) devient mûr grâce à une hormone appelée FSH. C'est cette hormone qui va stimuler la production d'œstrogènes (mais avant que la FSH soit là, les œstrogènes sont au plus bas). Lorsque tous les follicules autour de l'ovocyte « explosent », il devient un corps jaune (qui deviendra corps blanc s'il n'y a pas de grossesse). Les œstrogènes sont au plus bas pendant tes règles et leur présence va vraiment augmenter avec l'ovocyte et l'influence d'autres hormones. Cette chute brutale des œstrogènes au début des règles va provoquer plusieurs symptômes, dont ces fameuses migraines cataméniales. Ces migraines peuvent également être causées par la contraception hormonale : certaines personnes sous pilule contraceptive témoignent avoir observé une corrélation entre leur contraception et ces maux de tête. Petite *storytime* :

c'est exactement ce qui m'est arrivé à l'époque où j'ai commencé à prendre la pilule contraceptive. J'ai commencé à avoir des migraines horribles, et même si cela fait des années que j'ai arrêté la pilule, j'ai conservé ces migraines pendant mes règles...

À toi de prêter attention à ces connexions et d'écouter ton corps pour repérer ces signaux. Mon secret pour gérer ces migraines terribles est de m'isoler dans une pièce obscure et de mettre une goutte d'huile essentielle de menthe poivrée (mélangée avec une huile végétale) sur ma tempe : rapide et efficace.

Les tips SPM d'Amal

1. Accueille ton SPM, assume ce syndrome avec des mots : « Je me sens nerveux·se, triste, dépassé·e, mélancolique, sensible, etc. » Le formuler te fera un grand bien.
2. Après avoir reconnu ce syndrome, laisse-le sortir : pleure, crie, énerve-toi, parle tout·e seul·e devant le miroir. Vide ce trop-plein d'émotions.
3. Organise-toi une soirée tranquille, ta « SPM soirée à toi » : mange la cuisine de ton restaurant préféré et/ou Netflix & Chill.
4. Reste allongé·e si tu le sens comme ça, écoute-toi.

MA RECETTE ESSENTIELLE SPM

Ces huiles essentielles (HE) permettent de se détendre et de calmer l'anxiété liée au SPM. Pour toutes les HE, je t'invite à effectuer un test sur le pli du coude 24 heures avant une première application pour t'assurer que tu n'as pas d'allergie dans les 24 heures qui suivent. Ne réchauffe jamais une HE (altération de sa structure moléculaire) et n'utilise pas de HE en continu, prévois toujours une fenêtre thérapeutique (temps d'arrêt de 5 jours minimum, toutes les 3 semaines).

- Huile essentielle (HE) de petit grain bigarade (5 ml).
- Huile essentielle (HE) de romarin (2 ml).
- Huile essentielle (HE) de noix de muscade (3 ml).
- Huile végétale de Jojoba (30 ml).

Mélange ceci dans un petit pot et masse-toi le bas-ventre, l'aine ou l'intérieur des cuisses avec cette mixture magique.

LES HUILES ESSENTIELLES FIABLES POUR GÉRER TON SPM

- Huile essentielle de lavande vraie à masser sur le bas-ventre (2 gouttes dans 4 cuillères à soupe d'huile végétale).

- Huile essentielle de sauge sclarée (2 gouttes d'HE dans 4 cuillères à soupe d'huile végétale).

- Huile essentielle d'estragon (1 goutte dans 4 gouttes d'huile végétale).

Les huiles végetales que j'apprécie pour mélanger ces HE sont : amande douce, jojoba et chanvre.

LES PLANTES POUR GÉRER TON SPM

- L'achillée millefeuille décongestionne l'utérus : à boire en infusion, 2 tasses par jour.
- L'armoise (également utile en cas de cycles irréguliers, absence de règles ou règles douloureuses) : calme les douleurs des seins, l'irritabilité, les douleurs abdominales et facilite l'écoulement du flux. 20 à 30 g de plante par litre, 2 à 3 tasses par jour.
- Le gattilier est un régulateur hormonal : il calme les changements d'humeur, l'irritabilité, les états dépressifs, les migraines, les douleurs aux seins. Se consomme sous la forme de gélules en phytothérapie.
- Les feuilles de framboisier sont un véritable allié pendant le syndrome prémenstruel (mais également pendant les menstruations et pour booster la fertilité). Il suffit de faire bouillir ces feuilles (1 à 2 cuillères à café par tasse) pendant 10 minutes. Tu peux en boire 2 à 3 tasses par jour.
- La sauge est une plante *oestrogene-like*. La sauge sclarée sous forme de tisane est excellente lors du SPM. Laisse infuser

durant 5 minutes 2 cuillères à café de cette plante dans de l'eau bouillante.

L'ALIMENTATION À PRIVILÉGIER POUR TON SPM

- Essaie (je dis bien « essaie ») de diminuer le sucre (le chocolat noir contient, en revanche, du magnésium, c'est top pour le SPM) !
- Go sur la vitamine E = noix, persil, saumon, avocat.
- Go sur la vitamine B6 = bananes, champignons, foie, légumineuses.
- Go sur le magnésium = épinards, bananes, amandes, poisson, chocolat noir.
- Go sur le potassium = dattes, amandes, épinards, bananes.
- Go sur les oméga 3 = huile de noix, poisson gras.

EN COMPLÉMENT ALIMENTAIRE

- Fais une cure de deux mois à base de magnésium et vitamine B6, 1 fois par an.

9 faits essentiels sur les règles

1. Il est possible et normal que durant les premières années, tes règles ne soient pas du tout régulières.

2. Le premier jour de tes règles est le premier jour de ton cycle et non le dernier.
3. Tu perds entre 40 à 50 ml de sang par mois (compte plutôt 80 ml pour des règles abondantes). Les règles ne puent pas : ce sont les protections périodiques classiques qui leur donnent cette odeur désagréable.
4. Tu peux tomber enceinte après avoir eu tes règles. Cela signifie que tu peux avoir tes règles alors même que tu es enceinte.
5. Tu peux canaliser la douleur de tes règles avec une alimentation adaptée.
6. Des températures plus élevées que d'ordinaire (en vacances dans une destination chaude, par exemple) peuvent te causer des douleurs plus fortes.
7. Ton taux glycémique chute pendant tes règles donc, oui, ton envie de dévaliser une pâtisserie est tout à fait naturelle.
8. Les règles sont un terreau idéal pour la prolifération bactérienne, fais donc particulièrement attention à ne pas te choper une mycose relou à ce moment-là.
9. Sous contraception hormonale (type pilule, par exemple), ce ne sont pas de « vraies règles » que tu expérimentes mais du sang qui apparaît suite à une chute hormonale. Si tu prends la pilule quotidiennement, tu envoies une charge hormonale à ton corps et, au moment où tu fais une pause sur ta plaquette, ton corps est privé de ces hormones et il se met à saigner. Hors contraception hormonale, tes règles sont le résultat d'une chute hormonale physiologique : comme tu as ovulé et que ton ovocyte n'a pas rencontré de spermatozoïde, tout « chute » et les menstruations arrivent... C'est un peu la dégradation du nid qui était en train de se préparer et qui tombe à l'eau. Mais quand tu es sous pilule, tu n'ovules pas. *Fun fact* :

c'est une hormone en particulier qui donne ce saignement artificiel sous pilule. Elle a été mise dans la pilule par accident et, finalement, les scientifiques ont décidé de l'y laisser.

Le syndrome du choc toxique

Causé par l'apparition brutale d'une toxine bactérienne dans la circulation sanguine, le choc toxique se produit quand les tampons hyper absorbants retiennent l'humidité et gardent les molécules de synthèse toxiques, ce qui déstabilise l'écosystème vaginal et l'immunité locale.

Les symptômes sont les suivants : maux de tête, vertiges, fièvre, douleurs musculaires, vomissements, diarrhées, hypotension, éruption cutanée (comme un coup de soleil).

Les tampons sont la première cause du syndrome du choc toxique. Certains médias affirment que la cup menstruelle est, elle aussi, une énorme cause de ce fléau. C'est vrai... et c'est faux ! C'est vrai car il y a des règles à respecter. Le problème des tampons est que, même avec le respect des « règles » (le garder 8 heures maximum), le choc toxique est possible, tandis qu'avec la cup menstruelle, si tu respectes bien les règles, tu es en sécurité.

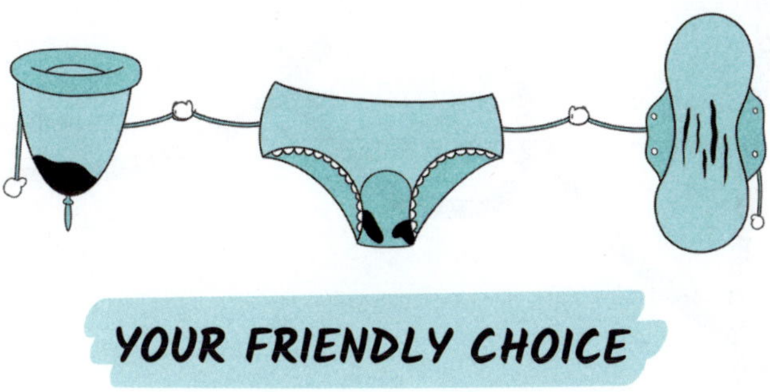

YOUR FRIENDLY CHOICE

Le flux instinctif libre (FIL)

Le flux instinctif libre est la capacité naturelle et instinctive du corps à gérer le flux menstruel. L'organe qui permet de pratiquer cette gestion est le périnée. Pourquoi ? Le sang parcourt un chemin bien précis : depuis l'utérus, il arrive au col de l'utérus, puis dans le vagin où il rejoint ensuite la vulve (là où nous le voyons). Pour empêcher que le sang ne coule le long de notre jambe, les muscles du périnée vont se contracter instinctivement et le vagin va pouvoir conserver le sang qui souhaitait sortir dans des petites cavités qu'on appelle « fornix ». Pour optimiser le FIL, il faut essayer d'apprendre à connaître ses muscles : comme les autres muscles du corps, on peut muscler son périnée.

Les tips d'Amal pendant tes règles !

1. Assume tes règles et ne les cache pas : exprime ce que tu ressens. Prends du temps pour t'en occuper : boire une tisane, appliquer des huiles essentielles, etc.

2. Adopte des positions qui peuvent te soulager. Privilégie le télétravail, si cela t'est possible.

3. Libère des endorphines : fais-toi masser, n'hésite pas à te masturber, couche-toi plus tôt si cela aide. La masturbation est un excellent moyen de calmer la douleur des règles.

4. Consomme des aliments anti-douleur : chocolat noir, tous les aliments qui contiennent du magnésium, du fer, et de la vitamine C, légumes verts, noix, fraises et oméga 3.

5. Évite, quelques jours avant tes règles, les aliments suivants : repas trop gras, sucre raffiné, jaune d'œuf, caféine, alcool, produits laitiers et sodas.

6. Le chaud calme la douleur : la bouillotte est ta meilleure amie

7. Mais pour certain·e·s, le froid calme la douleur donc n'hésite pas à tester !

MES RECETTES POUR CALMER LA DOULEUR

- HE de gaulthérie couchée ou odorante : 3 ml.
- HE de clou de giroflier : 3 ml.
- HE d'estragon : 1,5 ml.
- HE de basilic tropical : 1,5 ml.
- HV (huile végétale) de noyau d'abricot : 30 ml.

Application : 20 gouttes de ce mélange maximum sur le bas-ventre ou sur le bas du dos toutes les 20 minutes, 6 applications par jour maximum, pendant 3 à 5 jours. Pas de contre-indication, en revanche prudence si allergie à l'aspirine.

OU

- HE de romarin camphre : 3 ml.
- HE de menthe des champs : 3 ml.
- HE de basilic tropical : 2 ml.
- HE de camomille romaine : 2 ml.
- HV de noyau d'abricot : 30 ml.

Application : masser 10 gouttes de cette mixture sur le bas-ventre ou entre les cuisses, 3 à 4 fois par jour.

OU

- HE d'estragon : 1 ml.
- HV de chanvre : 30 ml.

À savoir : l'huile végétale de chanvre est excellente pour les recettes de type « massage » parce qu'elle pénètre rapidement, tranquillise et déstresse. Le chanvre est excellent pour la douleur des règles, beaucoup de personnes souffrant d'endométriose trouvent un soulagement dans l'application d'huile de chanvre.

MES HUILES CHOUCHOU POUR USAGE PONCTUEL

Les HE doivent être mélangées à une huile végétale.

Ces HE sont à utiliser selon tes besoins, je les conseille généralement en diffusion ou en application cutanée, tu peux les mélanger (si elles sont compatibles) et te créer ta propre recette massage antidouleur des règles. La zone du bas-ventre est une zone qui absorbe très rapidement les huiles, c'est pour cela que la dose recommandée n'est jamais très haute et qu'il faut toujours mélanger l'huile essentielle avec une huile végétale (chanvre, amande, abricot, jojoba, etc.) Concernant les doses et posologies, demande toujours son avis éclairé à un·e pharmacien·ne pour faire tes recettes en sécurité !

- HE de basilic tropical : antispasmodique (douleurs menstruelles), décontractante (stress). Application cutanée.
- HE de camomille allemande : antispasmodique/analgésique (dysménorrhée), mimétique des œstrogènes/favorise et

régularise les règles (aménorrhée), cicatrisante (acné), antistress (traumatismes psychiques, nervosité, angoisse, syndrome de la ménopause). Application cutanée.

- HE de camomille romaine : sédative et calmante du système nerveux central (stress, anxiété avant une opération, choc émotionnel). Application cutanée.
- HE de lavandin super : antispasmodique, décontractant musculaire (crampes menstruelles). Application cutanée, par diffusion atmosphérique, dans les bains.
- HE de petit grain bigarade : antispasmodique (spasmes gynécologiques, crampes menstruelles), régule la sécrétion de sébum (acné), harmonisante sur le plan émotionnel. Application cutanée, par diffusion atmosphérique, dans les bains.
- HE de romarin à camphre : aménorrhées (absence de règles), menstruations peu abondantes). Application cutanée.

Quelques faits sur la phase d'ovulation

Une fois les règles passées, tu entres dans ta phase d'ovulation, c'est cet évènement qui fait que tu peux tomber enceinte. Tu n'ovules cependant pas tous les jours : tu as une fenêtre de fertilité quelques jours avant la date d'ovulation mais également quelques jours après (car les spermatozoïdes peuvent vivre jusqu'à 5 à 6 jours dans ton corps). Tu peux donc considérer que tu es fertile plus ou moins 9 jours. Oublie ce mythe ovulatoire selon lequel l'ovulation aurait lieu le quatorzième jour de ton cycle : pas du tout. Chaque cycle est différent, la longueur du cycle, la perception de l'ovulation (ressentir une douleur à un ovaire, par exemple), ça varie pour chacun·e. Dans la pratique de la symptothermie, et donc de la contraception naturelle, l'idée est de se protéger à l'aide d'un préservatif (par exemple) pendant quelques jours bien déterminés afin de ne pas tomber enceint·e. C'est vrai que le préservatif externe (pour pénis) reste le plus pratique lorsque tu es en symptothermie car il est accessible (tu peux même trouver des préservatifs green), il est pratique d'utilisation et n'implique pas énormément de contre-indications (sauf allergie au latex mais il en existe énormément sans).

Nous n'ovulons pas d'un ovaire à l'autre dans un système d'alternance ; nous pouvons ovuler avec le même ovaire pendant plusieurs cycles de suite. Les symptômes de l'ovulation sont :

- une augmentation du pouls au repos ;
- des changements de température corporelle ;
- des changements au niveau des glaires cervicales et donc une glaire plus épaisse ;
- les seins/mamelons sensibles ;
- des douleurs pelviennes ;
- des petits saignements qu'on peut appeler « *spotting* » (saignements hors règles) ;
- un odorat légèrement affiné ;
- une augmentation du désir sexuel ;
- les ganglions lymphatiques inguinaux enflés ;
- ton col de l'utérus change de position pendant l'ovulation. Il se positionne plus haut, son diamètre s'élargit et il s'adoucit. Il est exceptionnellement possible d'ovuler pendant ses règles, lorsque les cycles sont très courts (21 jours) et les règles plus longues (6-7 jours) ;
- une émotion forte (comme le décès d'un proche) peut empêcher une ovulation ;
- l'ovulation affecterait l'estime de soi.

Chapitre 3

PLONGÉE DANS L'UNIVERS de la contraception

LES MOYENS TRADITIONNELS

La contraception est un sujet pouvant sembler compliqué, contraignant, relou. C'est pourtant essentiel pour mener une vie sexuelle épanouie, pouvoir garder le contrôle et surtout sa liberté de choisir. **La contraception a été au cœur d'une grande lutte au fil des précédentes décennies : il me semble essentiel de connaître ses avancées pour mieux s'armer.**

Les moyens de contraception mécaniques

Évoquons d'abord les moyens de contraception dits « mécaniques » : préservatif masculin, préservatif féminin, diaphragme, cape cervicale et éponge contraceptive. Si tu te demandes pourquoi on les appelle « mécaniques », c'est tout simplement parce qu'ils créent une barrière physique entre l'ovule et le spermatozoïde. Précisons que la contraception n'a pas pour seul but de se protéger d'une grossesse — rapporter la contraception à cette unique considération nous rapproche un peu plus d'une société hétéro-centrée. Les préservatifs ne sont donc pas seulement utiles pour éviter une grossesse mais pour éviter les IST.

Préservatif externe (ou préservatif pour pénis)	C'est une icône de la contraception : il empêche la grossesse et protège des IST. Il est efficace à 98 %. Un lubrifiant à base d'eau augmente son efficacité car, en effet, le fait que le préservatif soit lubrifié réduit ses risques de se déchirer. N'utilise jamais de lubrifiant à base d'huile car cela endommage le latex. Si tu recherches un lubrifiant naturel se combinant parfaitement avec le préservatif, je te conseille le gel d'aloe vera. Je rappelle qu'un préservatif devrait également être utilisé pour le sexe non-pénétratif car les IST passent aussi par cette voie (muqueuses de la voie buccale, etc.).
Préservatif interne (ou préservatif pour vagin)	Ce préservatif se place à l'intérieur du vagin. Ce moyen de contraception, efficace à 95 %, est moins susceptible de se déchirer car il est inséré dans le vagin, il est donc moins en « mouvement » qu'un préservatif pour pénis.
Diaphragme	Efficace entre 92 et 98 % et délivrable sur ordonnance, ce capuchon en silicone tendu par un anneau vient coiffer le col. Utilisé avec un gel spermicide, il fait office de barrière contre les spermatozoïdes.
Cape cervicale	Son efficacité est supérieure à 90 %. Son capuchon en caoutchouc épais se positionne sur le col de l'utérus et peut rester en place 48 h s'il est placé correctement.

Éponge contraceptive	Constituée de mousse de polyuréthane, elle est à humidifier avec de l'eau et à insérer dans le vagin avant un rapport sexuel. Barrière entre le col de l'utérus et le sperme, elle piège et absorbe les spermatozoïdes tout en libérant un spermicide. Elle peut rester en place 24 h et se révèle efficace entre 89 à 91 % si utilisée correctement.
Digue dentaire	C'est une contraception dediée au sexe oral. Beaucoup de personnes lesbiennes me demandent quelle contraception privilégier pour leurs rapports sexuels et je conseille la digue dentaire. Le prix est élevé mais tu peux la faire toi-même : Internet regorge de tutos, lance-toi !

Les moyens de contraception hormonaux

Les moyens de contraception hormonaux sont composés d'hormones synthétiques : cela signifie que l'on reprend les hormones que ton corps sécrète naturellement, on les recrée en laboratoire pour les renvoyer dans ton corps. Cela envoie des messages au cerveau afin qu'il bloque l'ovulation. Alors que les contraceptions mécaniques permettent l'ovulation tout en bloquant le contact avec les spermatozoïdes pour éviter une grossesse, les contraceptions hormonales bloquent l'ovulation de base. On me demande souvent mon avis sur les contraceptions hormonales et, comme je déteste les injonctions, j'évite de me lancer dans ce débat car mon discours est ferme… mais effectivement, je ne les apprécie pas spécialement. Cependant, je comprends absolument leur nécessité pour les personnes souffrant d'endométriose, par exemple, car elles ont besoin de gérer leur douleur insupportable avec des hormones. Je comprends également que pour certaines personnes, ce choix soit le meilleur. Je reste cependant sur mon idée, après avoir étudié en profondeur les ovaires, l'utérus et les trompes de Fallope : la contraception hormonale est un anesthésiant pour le cycle menstruel naturel. Si tu me suis, tu sais déjà que je prône un cycle menstruel naturel, fondé sur des énergies phénoménales... ce qui ne correspond pas du tout au *deal* que nous proposent les hormones ! Ce n'est pas le domaine qui me fait kiffer parce que je trouve ces moyens de contraception contraignants (charge mentale contraceptive) et peu sains (effets secondaires sur le corps).

	L'implant sous-cutané	L'injection intramusculaire
Quelle(s) hormone(s) ?	Étonogestrel	Médroxyprogestérone acétate (dérivé de la progestérone).
Administration ?	Tige introduite superficiellement dans la partie interne du bras, dure de 3 ans.	Injection d'une seringue de 150 mg.
Possible pour une première contraception ?	Oui.	Oui, mais déconseillé chez les adolescentes car diminue la densité minérale osseuse.
Impact sur la vie sexuelle ?	Peut engendrer une diminution de l'envie sexuelle (les contraceptifs hormonaux peuvent être à l'origine de sécheresses vaginales).	Peut engendrer une diminution de l'envie sexuelle.
Compatible avec la cup ?	Oui.	Oui.

	L'implant sous-cutané	L'injection intramusculaire
Efficacité ?	99,9 %	91-94 %
Durée ?	Dure trois ans.	Dure trois mois et se renouvelle à chaque échéance.

	Patch hormonal	Anneau vaginal
Quelle(s) hormone(s) ?	Œstrogènes et progestérone.	Ethinylestradiol et etonogestrel (œstrogènes et progestérone).
Administration ?	Patch à changer chaque semaine pendant 3 semaines, puis une semaine de pause (règles). Se délivre sur ordonnance.	L'anneau reste en place 3 semaines, puis une semaine de pause (règles).
Possible avant une grossesse ?	Oui.	Oui.
Possible pour une première contraception ?	Oui.	Oui.

	Patch hormonal	Anneau vaginal
Impact sur la vie sexuelle ?	Peut engendrer une diminution des pulsions sexuelles.	Peut engendrer une diminution des pulsions sexuelles.
Compatible avec la cup ?	Oui.	Oui.
Efficacité ?	99,7% si utilisation parfaite. 91% si utilisation courante (quand tu oublies de le mettre parfois).	99,7% si utilisation parfaite. 91% si utilisation courante.
Durée ?	Se change toutes les semaines (évite l'oubli de pilule).	Se change toutes les 3 semaines (évite l'oubli de pilule).

Les dispositifs intra-utérins (DIU ou stérilet)

	DIU en cuivre	DIU hormonal
Quelle(s) hormone(s)	Pas d'hormone.	Lévonorgestrel
Administration ?	Pose par un·e gynécologue puis échographie pour vérifier sa bonne mise en place. Vérification un an plus tard.	Pose par un·e gynécologue puis échographie pour vérifier sa bonne mise en place. Vérification un an plus tard.
Ovulation ?	Oui, puisqu'il est hormones-free. Ce sont les hormones qui bloquent l'ovulation.	Non et même les règles ne sont pas présentes avec le DIU hormonal.
Impact sur la vie sexuelle ?	Non, les hormones sexuelles ne vont pas être perturbées par des hormones, mais certaines personnes sentent le DIU pendant les rapports et cela peut être gênant.	Oui, comme toute contraception hormonale : des hormones sont libérées.

	DIU en cuivre	DIU hormonal
Compatibilité avec la cup ?	Oui, mais attention à l'effet ventouse lors du retrait de la cup et à ne pas tirer sur les fils.	Oui mais attention à l'effet ventouse lors du retrait de la cup et à ne pas tirer sur les fils.
Efficacité ?	99 %	99 %
Durée ?	Pratique car se change tous les 5 à 10 ans.	Pratique car se change tous les 3 à 5 ans.

7 conseils pour la pose de ton DIU

1. Trouve un pro qui saura bien faire ça. Lis les avis des autres lunes !
2. Effectue la pose du DIU pendant tes règles.
3. Prends des anti-douleurs avant la pose (si tu peux).
4. Les huiles essentielles sont tes amies avant et pendant la pose.
5. Ne conduis pas après l'avoir mis.
6. Destresse, respire et tu vas dead ça !
7. Il faudra 6 mois à tes règles pour devenir moins abondantes et diminuer la douleur due au DIU.

Et si on parlait de la pilule ?

C'est le moyen de contraception le plus utilisé au monde mais surtout le plus banalisé : tu verras plus de personnes se poser des questions avant de mettre le DIU qu'avant de commencer à prendre la pilule. Pourquoi ? Parce que ça fait partie de la normalisation de la contraception : te faire croire que la pilule est l'un des seuls choix que tu as, mais je t'ai prouvé plus haut que ce n'était pas le cas. La pilule contraceptive a l'ambition d'empêcher une grossesse (mais pas les IST... les IST ne sont pas des bébés !) et, grâce aux hormones, elle fait croire à ton corps que tu es enceinte pour empêcher l'ovulation. Il faut généralement la prendre une fois par jour et à la même heure. Un simple oubli de pilule peut mener à une grossesse non désirée, car un oubli fait diminuer son taux d'efficacité de 9 %. Il vaut mieux, en cas d'oubli, se protéger avec une contraception mécanique (exemple : préservatif). **Beaucoup de personnes pensent que la pilule rendrait stérile : c'est faux et aucune étude ne prouve cette idée reçue.** Il est, en revanche, vrai c'est que ton cycle est endormi et qu'il faudra un peu de temps (plus ou moins en fonction des personnes) pour retrouver des cycles naturels, donc ovuler et retrouver de vraies menstruations.

Il y a d'autres effets secondaires possibles à cette contraception : chute de la libido, humeur mélancolique et autres mauvaises surprises répertoriées dans la rubrique « effets secondaires » de la notice. C'est une contraception qui commence à être au centre de polémiques : je comprends ces polémiques tout comme je comprends qu'il peut sembler difficile de changer de contraception. Pour les personnes qui souhaitent arrêter et passer à un moyen *hormones-free*, il y a : le préservatif (qui peut ne pas être super cool lorsque l'on est en relation depuis un bon moment mais qui reste

J'ai choisi l'anneau thermique !

J'ai choisi la symptothermie

J'ai choisi l'anneau contraceptif

J'ai choisi le préservatif

J'ai choisi la pilule contraceptive

J'ai choisi le patch contraceptif

très efficace), la symptothermie et les autres contraceptions naturelles (même si je pense que la sympthothermie est la plus fiable en obtenant le même taux d'efficacité que la pilule) ou encore le DIU en cuivre. En conclusion, je ne diabolise pas la pilule mais ne la recommande pas pour toutes les raisons précédemment évoquées. Les personnes qui arrêtent la pilule découvrent un autre corps : c'est une deuxieme vie avec son cycle qui commence, un cycle reveillé.

À GARDER EN TÊTE

Pour toutes les contraceptions, il existe des contre-indications. Avant de choisir une contraception, analyse ton dossier médical avec un·e professionnel·le de santé pour etre sûr·e que c'est compatible avec toi.

Si tu es en couple, partage la charge mentale du choix contraceptif !

As-tu déjà effectué un dépistage des infections sexuellement transmissibles (IST) ? Si non, c'est le moment !

Préfères-tu une contraception avec ou sans hormones ? As-tu étudié toutes tes possibilités ? Es-tu organisé·e pour prendre la pilule tous les jours à la même heure ?

Si tu n'as pas de partenaire fixe (ce n'est évidemment pas un reproche, ça sonne souvent mal dans la bouche d'un·e professionnel·le mais tu fais absolument ce que tu veux de TON corps), alors le préservatif est systématiquement à privilégier pour éviter toute IST.

LA CONTRACEPTION NATURELLE

La symptothermie : une autre vision de la contraception

Ma Queen. Ma préférée. **Celle qui te permet d'avoir le contrôle de ton corps.** Elle est tellement négligée et prise à la légère car considérée comme peu fiable (alors que c'est totalement faux !). Il s'agit d'une contraception naturelle dans le sens où des hormones synthétiques ne viennent pas attaquer ton corps, mais **elle a d'autres atouts qui lui donnent tout son power** : elle te fera constater que ton cycle est magique, elle peut t'apprendre à vivre avec en lui donnant la place qu'il mérite dans ta vie. C'est ton pouvoir lunaire. Il existe plusieurs moyens de contraception naturelle :

- la méthode de Billings ;
- Ogino ;
- prise de la temperature (détecter l'ovulation) ;
- le retrait avant éjaculation ;
- la symptothermie.

Cette dernière, c'est la mienne ! Elle fonctionne aussi bien que les autres contraceptions si elle est bien suivie. Parmi les contraceptions naturelles que je viens de citer, certaines ne sont bien évidemment pas fiables et je les déconseille, comme celle du retrait du partenaire avant l'éjaculation ou la prise de la température seule sans une observation du corps. La symptothermie te permet d'écouter ton corps, de te familiariser avec ce dernier, et surtout d'en avoir le contrôle. La symptothermie se fonde sur trois points.

1. L'interprétation de la courbe des températures au réveil (avec le même thermomètre à double-décimale et, surtout, toujours par la même voie, qu'elle soit orale, rectale ou vaginale).
2. L'observation et surtout l'analyse de la glaire cervicale.
3. L'observation de la position du col de l'utérus.

Pour garantir l'efficacité de cette contraception, le mot-clé est « discipline », mais comme pour dans tout dans la vie, tu traduiras tout de plus en plus facilement si tu décides de t'y mettre pour décrypter les messages envoyés par ton puissant cycle.

La question qui revient souvent est : « Peut-on dire que ce moyen de contraception est fiable ? » Oui, il est fiable. Pour savoir si c'est le cas, réfère-toi au fameux **« indice de Pearl »** C'est grâce à ce dernier que nous savons évaluer si une contraception est fiable ou non, autrement dit le nombre de personnes ayant suivi une contraception qui ont une grossesse indésirée (étude sur 100 personnes sur 1 an). Par exemple, une contraception obtenant un indice de Pearl à 8 % implique que 8 personnes sont tombées enceintes malgré elles. La pilule contraceptive obtient un Indice de Pearl de 0,3 %. Et... — roulement de tambours — celui de la symptothermie est de... 0,4 % ! Tout comme la pilule, si tu l'oublies, la vomis ou tombes malade, tu multiplies par défaut les chances de tomber enceinte. **Avec la symptothermie, c'est pareil : si tu la pratiques correctement et que tu te protèges avec un préservatif pendant ta période fertile, il n'y a pas de risque.**

Le double-intérêt de cette contraception naturelle est qu'elle te permet de ne pas tomber enceinte... mais également de tomber enceinte si tu le souhaites ! Car tu n'es pas fertil·e tout ton cycle : tu as une fenêtre de fertilité donc si tu arrives à la décrypter dans l'objectif d'éviter une grossesse, tu sauras exactement quand sera le moment d'avoir un rapport avec pénétration vaginale pour tomber enceinte.

Il est important de détecter le moment de son ovulation, en faisant attention aux deux indices suivants :

- le changement de la glaire qui devient très filante ;
- la hausse de température.

Les erreurs à ne pas commettre en symptothermie…

- Se lancer sans aucun accompagnement, sans avoir fait appel à un·e formateur·rice.
- Ne pas s'instruire sur son cycle avant de se lancer.
- Se fier uniquement aux applications qui suivent les règles et pas spécialement la période de fertilité (suivre ses menstruations et son cycle complet, ce n'est pas la même chose !)

L'interview d'une spécialiste : Eugénie Tabi

Comme je me nourris de **sororité**, de **girl power** et que je suis complètement admirative de pleins de belles personnes qui contribuent à notre cause, j'ai décidé d'interroger dans ce livre une formatrice en symptothermie que j'aime énormément : Eugénie Tabi !

Compte Instagram : **@la.symptothermie.avec.eugenie**

En tant que formatrice, comment définis-tu la symptothermie ?

« La symptothermie est une méthode d'observation du cycle. Elle est basée sur des preuves scientifiques et elle est reconnue par l'OMS (Organisation mondiale de la santé). C'est une alternative écologique et durable et une vraie réponse aux contraceptions chimiques et mécaniques qui sont aujourd'hui problématiques pour de nombreuses femmes en subissant les effets indésirables. À ce titre, elle devrait être proposée dans le panel des contraceptions par les professionnel·le·s de santé ! Mais la symptothermie est également un formidable outil de gestion de la fertilité féminine, qui permet aussi aux couples en désir d'enfant de s'appuyer sur leurs observations du cycle pour les aider à concevoir et à améliorer naturellement la fertilité. Elle permet aux femmes de tout âge de comprendre leur fonctionnement et de développer une connaissance de soi plus profonde. »

Tes 5 conseils pour réussir sa symptothermie ?

« 1. S'impliquer et impliquer son/sa partenaire le cas échéant. Cette méthode demande de la motivation et de l'investissement personnel, que vous soyez en couple ou non.

2. Se faire accompagner : même si on souhaite apprendre de façon autonome, par exemple, il est important d'avoir un regard extérieur sur sa pratique pour atteindre la meilleure efficacité.
3. Prendre le temps de découvrir la méthode, de lire, de se renseigner et de se former. Il faut prévoir environ 6 cycles pour atteindre l'autonomie. Au-delà de 12 cycles, on commence à voir une pratique plus experte, normalement, on peut alors gérer tous types de situations qui pourraient arriver dans notre cycle.
4. Être soft envers soi-même : personne ne nous apprend à décoder nos signes de fertilité alors que nous sommes les premier·ère·s concerné·e·s ! Beaucoup de femmes trouvent que les pertes sont sales, par exemple, or ce sont des signes de bonne santé ! Il faut se laisser le temps de ré-apprivoiser le langage de notre corps et de le décoder.
5. Avoir une vision à long terme : lorsque vous adoptez ce mode de gestion de votre fertilité, il faut plusieurs mois pour devenir confiant·e, c'est un apprentissage qui demande de la patience, et qui se fait au rythme de votre cycle. La nature nous enseigne la patience. »

Est-ce que pour toi, le coaching avec un·e formateur·rice est fondamental ?

« Tout à fait. Pourtant, je suis moi-même une ancienne autodidacte. Mais lors de mon parcours professionnel, j'ai dû me faire suivre par une conseillère plus expérimentée, et j'ai vite compris l'intérêt de ce suivi. Lorsqu'on apprend seul·e, on peut parfois mal interpréter certaines choses, et ne pas suivre tout à fait la méthode qui est pourtant très précise. L'accompagnement permet d'ajuster la pratique, et d'obtenir la meilleure efficacité, avec pour objectif une complète autonomie ! »

Est-ce que la symptothermie est aussi efficace que la contraception artificielle ?

« En fait, elle est même plus efficace si on regarde son efficacité pratique ! Les contraceptions sont classées grâce à l'indice de Pearl qui mesure leur efficacité théorique et pratique, et la symptothermie a un taux d'efficacité supérieur à 98 % en usage pratique. Cette fiabilité est atteinte pour les personnes qui ont suivi une formation et un accompagnement pendant au moins 3 cycles. Depuis les années 1980, des études sont disponibles, notamment celle menée par la professeure Petra Frank-Hermann en 2007 et qui porte sur plus de 17 500 cycles, avec le protocole du groupe de travail allemand PNF. »

Quels sont, selon toi, les bénéfices d'une contraception naturelle ?

« Principalement l'absence d'effets secondaires. C'est le principal problème, à l'heure actuelle, des contraceptions hormonales (pilule, implant, etc.) et mécaniques (DIU cuivre principalement). Elles modifient la physiologie et en deviennent pathologiques (mycoses, règles hémorragiques, dépression, baisse de libido, etc.). Le cycle féminin a un fonctionnement autonome et écologique. Celui-ci nous permet d'évoluer et de vivre en conscience les changements naturels de rythme. Je le compare souvent aux saisons de l'année : chaque phase nourrit la suivante. Nous pouvons mieux respecter notre nature cyclique et en faire une alliée. En plus d'être très fiable, la symptothermie est totalement compatible avec les modes de vie végane, zéro déchet, bio, écolo... »

Pour toi, c'est la meilleure contraception ? Pourquoi ?

« Pour moi, la meilleure contraception, c'est celle que l'on choisit en conscience. Je milite pour un choix éclairé. Lorsqu'on nous prescrit la pilule, souvent dès la puberté, on ne sait pas vraiment ce que sa prise implique, comment elle bloque le cycle, l'impact qu'elle peut avoir sur notre fertilité à long terme, ses potentiels effets secondaires, etc.

Je ne juge pas les femmes qui prennent la pilule, je l'ai moi-même prise, avant de comprendre comment elle fonctionnait vraiment. La symptothermie peut être la meilleure contraception pour les femmes qui souhaitent vivre en harmonie avec leur cycle, et avoir un corps en bonne santé. Je souhaite que toutes les femmes puissent avoir accès à cette information et décider réellement de leur contraception. »

Chapitre 4
LES DÉSAGRÉMENTS du vagin

FOCUS SUR L'HYGIÈNE INTIME

En tant que propriétaire d'un appareil génital féminin, il est important de savoir reconnaître les différents désagréments du vagin, aussi petits soient-ils, car ils peuvent prendre une grande place dans notre quotidien, voire rapidement devenir handicapants. Ces problèmes ont touché et touchent encore beaucoup de personnes mais ils demeurent profondément tabou... Donc si tu crois ça n'arrive qu'à toi, ce n'est vraiment pas le cas !

Par exemple, quand tu as une mycose vaginale, que tu sois au travail ou en cours, tu n'entends même plus ce que les autres disent autour de toi, tu as juste une folle envie de te gratter mais à la place, tu bouges de droite à gauche sur ta chaise. (Oui, ça arrive à tout le monde, je te rassure !) Même chose pour une cystite, ça te rend dingue d'aller aux toilettes pour y laisser une petite goutte alors que tu pensais avoir une envie forte d'uriner.

Dans ce chapitre, nous allons aborder les problèmes les plus courants que nous sommes susceptibles de rencontrer. Je vais également te partager des astuces naturelles pour te soulager, mais le fait de voir un·e professionnel·le de santé reste d'une importance capitale. Ces conseils que je t'offre sont issus de la naturopathie et ont déjà été testés et approuvés par de nombreuses personnes.

Si tu souhaites accéder à ces produits naturels, assure-toi toujours que ce n'est pas dangereux pour ta santé (allergies, etc.), donc n'hésite pas à demander l'avis de ton·ta médecin avant !

Tout d'abord, nous allons aborder l'hygiène intime. Parce que beaucoup de désagréments viennent d'une mauvaise hygiène intime et les idées fausses concernant cette dernière sont nombreuses. Le premier mythe à déboulonner ? **Non, le vagin n'est pas sale !** C'est d'ailleurs pour cette raison que je me refuse à parler de « serviettes hygiéniques » pour préférer la formulation « serviettes périodiques ». Le choix des mots est important pour ôter cette charge symbolique négative sur un phénomène aussi sain, propre et naturel que les règles. Le vagin n'est donc pas sale et il n'est pas non plus aseptisé : il est gorgé de bactéries qui lui conviennent parfaitement... et tout ce beau monde vit harmonieusement. **Il est donc totalement normal que ton vagin ait des bactéries, le tout est de conserver un équilibre pour que les « méchantes » bactéries ne prennent pas le dessus sur les bonnes.**

Lorsque j'ai entrepris des recherches sur Internet concernant l'hygiène intime pour comprendre les idées reçues : j'ai été surprise par mes trouvailles ! Un pur festival d'absurdités type : « Comment se débarrasser des odeurs du vagin ? » avec des vidéos montrant des personnes se boucher le nez avec des mimiques écœurées. J'ai également pu observer des personnes qui conseillaient des crèmes hydratantes, gels intimes et protège-slips pour le vagin : le manque d'éducation est flagrant dans ces cas. **Vaginas smell vagina** et c'est parfait ainsi. Garde en tête que ton vagin est auto-nettoyant par nature. Il n'y a aucun problème à laver son vagin mais il faut se contenter de le faire avec de l'eau claire et ne pas faire pénétrer l'eau à l'intérieur. Notre environnement actuel nous confronte à plusieurs agents extérieurs pouvant se révéler dérangeants, il nous faut donc adopter quelques gestes routiniers pour obtenir une hygiène intime parfaite et respectueuse.

Les tips d'Amal

1. Ne fais jamais pénétrer de produits chimiques à l'intérieur de ton vagin.
2. Ne lave pas l'intérieur de ton vagin avec un gel douche.
3. N'utilise pas de crèmes hydratantes chimiques sur ta vulve.
4. N'utilise pas de protège-slips classiques (au pire, des protège-slips lavables, ce n'est pas encore le top mais toujours mieux).
5. Sous la douche : passe de l'eau claire uniquement sur la partie externe de ta vulve.
6. Deux fois par semaine, après ta douche, nettoie la partie externe de ta vulve avec de l'eau florale de rose.
7. Pendant tes règles, si tu utilises une cup : applique de l'huile de coco sur ta cup ou sur l'orifice vaginal pour qu'elle glisse mieux tout en te protégeant des bactéries. Lave tes culottes de règles et serviettes lavables avec un savon à base de probiotiques et à l'eau froide.
8. Après tes règles, continue avec de l'huile de coco pendant 3 jours. Si tu te sens desséché·e, opte plutôt pour du beurre de karité ou du gel d'aloe vera.
9. Effectue une cure de probiotiques de 2 mois, 2 fois par an, pour rééquilibrer ta flore vaginale. C'est également l'idéal en cas de mycose, cystite ou autre affection vulvaire.

LE FLÉAU DES MYCOSES VAGINALES

La mycose vaginale est une infection provenant d'un champignon : le *candida albicans*. C'est un ingrédient naturel de ta flore vaginale — donc en situation normale, c'est un ami — mais une fois que ta flore se déséquilibre, il devient trop imposant et cela crée une jolie mycose (comme quand tu restes ami·e avec ton ex mais qu'en fait il·elle veut se remettre avec toi et qu'il·elle devient trop présent·e, à base de « tu fais quoi ? »). **Pour toutes les personnes qui souffrent de mycoses à répétition, je ne le répéterai jamais assez : tant que vous n'aurez pas réglé le problème à la racine, ça ne sera jamais réellement fini.** Si tu en as, c'est qu'un élément autour de toi parvient constamment à déséquilibrer ta flore, et si tu en as eu plus de cinq en une année, c'est que oui, tu souffres de mycoses à répétition. Il faut alors rééquilibrer toute la flore intestinale pour sortir de ce cercle vicieux. Tu l'auras compris : déséquilibre de la flore vaginale et mycoses sont extrêmement liés. Et n'hésite pas à consulter.

5 FAITS SUR TA FLORE VAGINALE

1. La flore vaginale est une flore fragile, majoritairement composée de bactéries lactiques qui servent à la protéger des infections.
2. L'état de ta flore vaginale est directement lié à ton taux d'hormones et notamment d'œstrogènes. Ce taux varie en fonction du moment de ta vie : puberté, début de la vie sexuelle, contraception hormonale, grossesse, après la grossesse puis la ménopause.
3. Le microbiote vaginal est le voisin du microbiote intestinal : il est primordial de rééquilibrer ces deux microbiotes au même moment.
4. Un excès d'hygiène, le tabac, une cure prolongée d'antibiotiques, le stress, un déséquilibre hormonal, la grossesse, la ménopause, un·e nouveau·elle partenaire, un·e partenaire qui a plusieurs partenaires (sans usage du préservatif), les produits chimiques contenus dans les protections hygiéniques classiques... tous ces éléments favorisent l'apparition des mycoses vaginales.
5. Certains modes de contraception peuvent déséquilibrer la flore vaginale.

Les symptômes classiques

1. Les insupportables démangeaisons (qui te donnent envie de prendre une fourchette et de gratter comme un·e dingue).
2. Les pertes blanches épaisses et abondantes, comme du lait caillé.
3. Brûlures vaginales quand tu urines (tu sais, quand le pipi sort, tu lâches un « aïïïe ! »).
4. Des fissures vaginales (ça pique, ça aussi...).
5. Des rapports sexuels douloureux, voire impossibles.
6. Ta vulve est rouge tomate et sensible au toucher, à force de la gratter.

La meilleure manière de les prévenir

- Privilégie les douches aux bains.
- Évite de verser de l'eau directement sur ton vagin, verse-la d'abord dans ta main.
- Oublie les lingettes intimes (un vrai nid à problèmes).
- Oublie les protège-slips.
- Utilise un savon au pH neutre.
- Privilégie les sous-vêtements en coton.
- Ne garde pas trop longtemps ton maillot de bain mouillé sur toi.
- Dors sans culotte pour que ça respire.
- Essaie-toi à la culotte menstruelle !
- Assure-toi que ton·ta partenaire ait une bonne hygiène.
- Mange moins sucré.

MES HUILES CHOUCHOU SPÉCIAL MYCOSES

Ces HE sont à utiliser selon tes besoins, je les conseille généralement en diffusion ou en application cutanée. Tu peux également les mélanger si elles sont compatibles et créer tes recettes sur-mesure. N'hésite pas à demander son avis éclairé à un·e pharmacien·ne et/ou naturopathe. Les huiles essentielles doivent être melangées à une huile végétale.

- HE de bois de rose : action antifongique.
- HE de cannelle de Ceylan écorce : anti-infectieuse puissante à large spectre d'action, antibactérienne, antivirale, antifongique, antiparasitaire (infections urinaires et gynécologiques : cystites, urétrites, vaginites, leucorrhées), tonique sexuel et aphrodisiaque. Administration par voie buccale.
- HE de géranium rosat : antifongique et antibactérienne (mycoses, acné), cicatrisante. Application cutanée, par diffusion atmosphérique.

MES RECETTES POUR SOIGNER UNE MYCOSE

- HE de lavande fine : 50 ml.
- HE de camomille noble : 50 ml.

Application à l'aide d'une poire de lavage pendant une dizaine de jours si besoin. (Source : livre *Femmes essentielles* de Aude Maillard).

OU

- HE de lavande fine de Provence : 1,5 ml.
- HE de tea tree 1,5 ml.
- Macérât lipidique de calendula : 30 ml.

Application de 2 à 5 gouttes en massage de la vulve et de l'ensemble des zones enflammées, 3 à 6 fois par jour pendant 10 jours. Possibilité d'introduire 3 ml au fond du vagin à l'aide d'une pipette, 2 fois par jour pendant 10 jours. (Source : livre *Femmes Essentielles* de Aude Maillard).

OU

- Huile de coco vierge première pression à froid (ou yaourt nature) avec quelques gouttes d'HE de tea tree sur une serviette lavable, 2 à 3 fois par jour.

OU

- HE d'extrait de pépins de pamplemousse (5 gouttes).
- Huile végétale de sésame (1 cuillère à soupe).

Il est possible de verser ce mélange sur un tampon (green et bio, de préférence) et de le laisser en toi durant 3 h, une fois par jour pendant une semaine.

CES SATANÉES CYSTITES

La cystite une infection urinaire qui peut toucher tout le système urinaire : 90 % des cystites sont causées par une bactérie provenant des intestins et appelée *escherichia coli*. L'urètre, dans l'appareil génital avec un vagin, ne fait que quelques centimètres de long et la distance entre l'anus et l'orifice inférieur de l'urètre est très courte. Les bactéries se retrouvent facilement dans l'urètre, voire dans la vessie où elles peuvent causer des problèmes. Ce sont des voisins et ils aiment se voir de temps en temps…

Les causes et les symptômes

Les causes de cystite sont nombreuses : début de la vie sexuelle, ménopause, malformation du système urinaire, diabète mal équilibré, température froide, rapports trop fréquents, le fait de ne pas avoir uriné après un rapport sexuel, certaines contraceptions comme la pilule, certaines protections périodiques telles que les tampons et les serviettes, le fait de ne pas boire suffisamment, constipation, le fait de se retenir d'uriner trop longtemps, une hygiène intime exagérée, un·e partenaire qui manque d'hygiène. Ces causes, isolées ou combinées, donnent naissance aux symptômes suivants.

- Besoin fréquent d'uriner (genre tu cours aux toilettes mais il n'y a que 2 gouttes qui sortent...).
- Sensation de brûlure (pouvant causer des petites déchirures).
- Douleurs au bas du ventre telles que des crampes.
- Odeur désagréable.
- Attention : si la douleur se ressent dans le bas du dos, c'est que la cystite se transforme en pyélonéphrite... il faut alors absolument consulter !

Comment adapter ton mode de vie pour les éviter

- Débute ta journée (au moins trois fois par semaine) en buvant un bon jus de cranberry.
- Privilégie les fibres ! Manger des fibres t'empêche de contracter une cystite ou une constipation.
- Éviter les savons irritants et une hygiène exagérée : utilise un savon doux et de l'eau claire.
- Demande à ton·ta partenaire d'avoir une bonne hygiène également.
- Urine systématiquement après un rapport sexuel pour éliminer une partie des micro-organismes nuisibles.
- Aux toilettes, essuie-toi d'avant en arrière pour éviter que les germes de l'anus aillent se balader sur ta vulve.
- Évite de porter des vêtements trop serrés et synthétiques.
- Privilégie les sous-vêtements en coton.
- Dors sans culotte et étale de l'huile de coco sur ta vulve de temps en temps.
- Pense à la cup menstruelle ou à la culotte menstruelle pour limiter le risque de cystite.
- Si tes cystites ont commencé avec le début de ta prise de la pilule, change de contraception.

Comment traiter un début de cystite

- Privilégie impérativement une toilette à l'eau claire avec un savon doux, lave ton appareil génital mais également ton orifice anal.
- Applique de l'huile de coco sur ta vulve car cela va lubrifier ton vagin, éviter les irritations et les coupures vaginales.
- Masse-toi le bas-ventre avec de l'huile essentielle de tea tree : cette huile est absolument à avoir chez soi, elle est juste géniale et doit être dans ta pharmacie naturelle.
- Bois beaucoup d'eau et habitue-toi à en boire une quantité suffisante tous les jours de ta vie. Certaines personnes oublient de boire : si tu as du mal à boire, achète-toi une gourde pour toujours avoir de l'eau sur toi.
- Évite le sexe vaginal donc oui, go pour le sexe oral, manuel, avec des sex-toys, les caresses… tous les autres sexes à l'exception du cunnilingus à éviter sur vulve sensible pour ne pas aggraver la situation (et évidemment doigts propres en cas de sexe manuel !).

MES HUILES CHOUCHOU SPÉCIALES CYSTITES

- HE d'eucalyptus citronné : anti-inflammatoire et antifongique (cystites, vaginites, leucorrhées, mycoses). Application cutanée.
- HE d'origan compact : antibactérienne (infection des voies urinaires). Voie buccale.

MES RECETTES SPÉCIALES CYSTITES

Pour l'éviter

- HE de cyprès toujours vert : 3 ml.
- HE de camomille romaine : 3 ml.
- HE de tea tree : 2 ml.
- HV de noyau d'abricot : 30 ml.

Application de 10 à 15 gouttes sur le bas-ventre toutes les 3 heures (maximum 3 fois par jour) et ensuite toutes les 2 à 3 h (pas plus de 6 fois par jour). Pendant 2 à 3 jours. Bois 1,5 litre d'eau par ailleurs (ou plus en fonction de tes besoins d'hydratation).

Pendant une infection urinaire

- Baume de copahu : 12 ml.
- HE de basilic tropical : 6 ml.
- HE de gaulthérie couchée : 6 ml.
- HE de tea tree : 6 ml.

Application de 8 à 10 gouttes en te massant le bas-ventre toutes les 30 minutes (jusqu'à 10 fois le premier jour, 8 fois le deuxième jour, puis continue de réduire ainsi pendant 8 jours). Prudence si tu es allergique à l'aspirine. Ne pas appliquer sur les parties génitales mais bien sur le bas-ventre.

ET/OU

- HE d'huile essentielle de sarriette des montagnes : 30 gouttes.
- HE de saro : 60 gouttes.
- HE de palmarosa : 105 gouttes.
- HE de thym a linalol : 105 gouttes.

Applique 8 gouttes 3 fois par jour pendant 7 à 10 jours.

- Petit plus : n'hésite pas mettre du yaourt blanc (le plus naturel possible) sur une serviette lavable mélangé avec de l'HE de tea tree. Ce mélange yaourt blanc et tea tree va permettre de régénérer ta flore vaginale, ce qui est capital suite à une cystite. Le tea tree réduit la durée de l'infection et calme les crampes que les cystites provoquent. Le petit plus : manger du yaourt nature le matin peut aussi aider à apporter des lactobacilles dans le tube digestif !

Comment éviter une récidive

Ce que je te conseille, c'est de prévoir une bonne cure de probiotiques pendant deux mois. Ils vont permettre à ta flore vaginale de se régénérer sainement : tu les prendras par voie orale (mais l'orifice anal étant très proche de l'orifice vaginal, les bactéries arriveront à ton vagin à un moment donné). Il y aura à nouveau de bonnes bactéries dans ta flore. N'oublie pas de déterminer la cause de ce désagrément : une mauvaise hygiène, vêtements inadaptés, problème mécanique ? N'hésite pas à consulter un ostéopathe qui pourra t'enseigner les bons réflexes à adopter pour ta vessie. Il est aussi possible que tes cystites soient causées par la taille de ton appareil urinaire, n'hésite pas à consulter si tu as le moindre doute.

LE CAS DE LA VAGINOSE BACTÉRIENNE

Il s'agit d'un déséquilibre profond de la flore vaginale causée par un certain type de micro-organisme : des bactéries telles que *gardnerella vaginalis, mycoplasme hominisé* ou encore *prevotella*. C'est le niveau 2.0 du déséquilibre de la flore. En effet, la flore vaginale est composée de nombreux lactobacilles vaginaux, mais lors d'une vaginose, ces derniers disparaissent et font place à une flore composée de micro-organismes qui ne devraient pas être là. Les causes peuvent être nombreuses et ressembler à celles d'une mycose vaginale : un manque d'hygiène ou, à l'inverse, une hygiène excessive.

L'utilisation de produits intimes agressifs et la pratique des douches vaginales (fait d'introduire de l'eau dans son vagin pour le laver) peuvent également en être la cause. Les conseils antimycose s'appliquent aussi ici. Il est capital d'éviter de mettre des produits parfumés en contact avec tes parties génitales et changer fréquemment de protections périodiques. Évite absolument l'usage des tampons ou serviettes classiques (très chimiques) et favorise la culotte menstruelle et les serviettes lavables. Aux toilettes, il est important de t'essuyer de l'avant vers l'arrière, de bien te sécher après t'être lavé·e ou après avoir pratiqué une activité physique, privilégie aussi les sous-vêtements en coton.

La vaginose peut également être favorisée par un changement de partenaire sexuel·le, notamment si tu en changes après des années de sexualité exclusive avec une personne. Ce changement peut déranger ta flore vaginale et elle peut donc réagir. C'est pour ça qu'il est important d'utiliser un préservatif quand tu décides d'avoir de nouveaux·elles partenaires. L'usage du préservatif empêche de contracter des IST si tu ne connais pas ton·ta partenaire (rappelons qu'il est important de se faire dépister avant d'avoir des rapports sexuels sans préservatif avec une personne) tout en permettant à ton corps de s'habituer à ce·tte nouveau·elle partenaire.

Les vaginoses bactériennes peuvent avoir plusieurs niveaux d'intensité : certaines sont dérangeantes mais vivables, tandis que d'autres se révèlent terriblement handicapantes au quotidien. Les symptômes généraux sont : des démangeaisons, des pertes grises ou vertes et accompagnées d'une odeur de poisson. Le diagnostic se fait chez un·e professionnel·le de santé qui pourra diagnostiquer cela après un frottis vaginal. Une cure de probiotiques est absolument nécessaire pour rétablir la flore en cas de vaginose.

PARLONS SÉCHERESSE VAGINALE

La sécheresse vaginale naît d'une perturbation de l'équilibre de la flore vaginale qui se manifeste sous la forme de brûlures, d'irritations et de démangeaisons. Ce phénomène peut véritablement perturber l'activité sexuelle. **La sécheresse vaginale est causée par la modification de la glaire cervicale, qui devrait normalement s'écouler correctement pour humidifier, nettoyer, et hydrater le vagin.** La glaire peut ainsi perdre son élasticité et sa qualité hydratante, ainsi que sa capacité d'auto-nettoyage. La sécheresse vaginale peut survenir par différentes causes : ménopause, variation du cycle menstruel, tabac, stress, fatigue, grossesse, allaitement, mauvaise hygiène intime, certaines médications.

L'acide hyaluronique aide à combattre la sécheresse vaginale. Il retient et transporte l'eau dans les tissus corporels, mais sa production diminue malheureusement avec l'âge. Il convient d'appliquer un gel (type aloe vera ou lin) pour faire faire disparaître les symptômes de la sécheresse vaginale. Il existe également des traitements hormonaux (œstrogènes et progestérone). Seul l'œstrogène agit contre les sécheresses vaginales, mais utilisé seul, il favorise les cancers de l'endomètre, du sein ainsi que des tumeurs cérébrales. Il est, de toute façon, capital de consulter pour ces traitements hormonaux.

Le tips d'Amal

Ta petite Amal dort sans culotte et je te conseille de faire la même chose pour éviter tout désagrément intime ! Cela fait des années que j'ai arrêté d'en porter au moment de me coucher : outre une sensation de confort inestimable, je me suis rendu compte que cela était idéal pour le vagin. Le fait de porter une culotte la nuit crée un milieu « chaud », et qui dit « chaud » dit milieu propice à la prolifération bactérienne qui est cause de mycoses, de sécheresse vaginale et autres désagréments étudiés plus tôt. Laisser ton vagin respirer la nuit est la meilleure routine pour t'éviter tous ces soucis. Pour débuter, tu peux retirer ta culotte tout en gardant un pyjama (de préférence assez large).

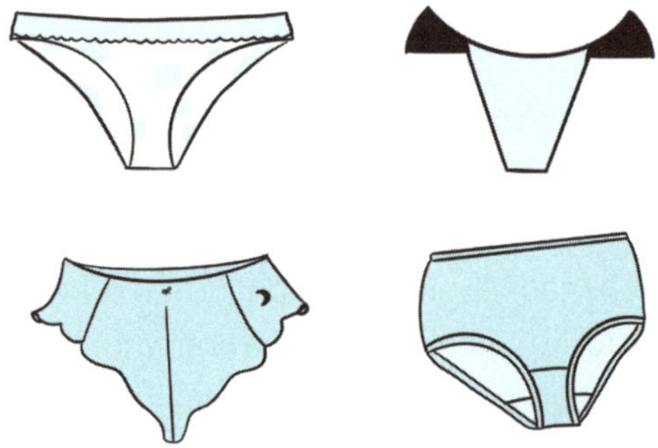

Laisse-nous dans un tiroir quand tu vas dormir !

Chapitre 5

LES MALADIES GYNÉCOLOGIQUES passées sous silence

DE L'OMBRE À LA LUMIÈRE

Un grand nombre de maladies ont pris la poussière dans les livres gynécologiques car très peu de médecins prennent en charge correctement les personnes qui en sont atteintes, les laissant ainsi errer dans le doute et les questionnements. Je vais tâcher d'y mettre de la lumière pour que les personnes sujettes à ces fléaux se sentent moins seules.

LE POINT VOCABULAIRE

(1) Le corps jaune, qui tient son nom d'un pigment jaune, la lutéine, est le nom donné au follicule ovarien après l'ovulation. L'ancien follicule s'habille, sous l'effet de l'hormone LH, de capillaires qui permettront au sang de circuler. La cellule devient alors une glande dont la principale mission est de sécréter des œstrogènes et surtout de la progestérone.

(2) La phase folliculaire : au cours de ces 12 à 14 premiers jours du cycle, plusieurs follicules ovariens (petits sacs permettant à l'ovocyte qu'ils contiennent d'évoluer) grossissent sous l'effet de l'imprégnation hormonale (FSH et œstrogènes). À la fin de cette phase, l'un des follicules arrive à maturité. On parle alors du follicule de Graff, en hommage au médecin qui l'a découvert pour la première fois au dix-septième siècle.

(3) L'ovulation : mûr, le follicule de Graff finit par se rompre sous l'influence de l'hormone LH. L'ovocyte est expulsé et se déplace vers la trompe de Fallope où il attend la fécondation.

(4) La phase lutéale : c'est durant cette dernière période du cycle féminin que se forme le corps jaune.

(5) FSH : cette hormone va stimuler la maturation des follicules de Graaf dans l'ovaire.

(6) LH : cette hormone est la queen de l'ovulation. Eh oui, quand il y a un pic de LH, cela signifie que l'ovulation est là, baby ! C'est d'ailleurs pour ça qu'il existe des tests de LH (comme des tests de grossesse, mais pour l'ovulation).

(7) L'endomètre : tissu qui tapisse l'utérus.

(8) Dysménorrhée : crampes très douloureuses qui surviennent pendant les règles si l'écoulement de sang est trop important ou qu'il y a des fibromes ou de l'endométriose.

(9) Dyspareunie : douleurs lors de la pénétration vaginale.

Concernant les maladies gynécologiques que je vais aborder dans ce chapitre, je tiens à insister sur un fait fondamental…

La douleur n'est pas dans ta tête,
tu n'es pas dingue, tu n'es pas seul·e !

Même si les causes de certaines maladies peuvent naître d'un trouble psychologique, la douleur est une conséquence réelle de ces raisons psychologiques et la tienne mérite d'être entendue. Je précise que mes conseils ne se substituent pas au diagnostic d'un·e professionnel·le de santé, alors n'hésite pas à consulter !

LE SYNDROME DES OVAIRES POLYKYSTIQUES

Une pathologie endocrinienne

Le syndrome des ovaires polykystiques (SOPK) est une pathologie endocrinienne : cela signifie qu'elle touche le système hormonal. Le terme « polykystique » prête à confusion, car on pourrait croire que cela implique des kystes aux ovaires, alors qu'il s'agit de follicules ovariens qui n'ont pas terminé leur croissance.

Que se passe-t-il si on est atteint·e de SOPK ? Les follicules ne mûrissent pas et viennent entraver l'ovulation, ceci explique pourquoi dans les centres de FIV (fécondation in-vitro) nous trouvons énormément de personnes atteintes de SOPK : elles ont des règles faibles, irrégulières et rencontrent des difficultés à concevoir. Le SOPK a pour origine un déséquilibre hormonal. Les hormones sont des messagers chimiques sécrétés par des glandes. L'hypophyse est une glande située au niveau du cerveau. Elle secrète deux hormones appelées FSH et LH qui orchestrent le cycle ovarien : leurs taux varient au cours du cycle, ce qui provoque l'ovulation et les règles. Le taux de base de LH est en général plus bas que celui de FSH. En cas de SOPK, le taux de ces hormones varie généralement peu au cours du cycle. Le taux de base de LH est plus haut que celui du FSH et n'augmente pas en milieu du cycle. Ainsi, les ovaires ne reçoivent pas les bons messages et le cycle menstruel est perturbé.

Les causes de cette pathologie

- L'hyperandrogénie d'origine ovarienne est l'une des premières causes du SOPK.
- Causes génétiques : certains gènes impliqués dans la synthèse des androgènes sont surexprimés.
- Causes épigénétiques : les antécédents familiaux augmenteraient le risque d'avoir le SOPK.
- Causes environnementales : l'hygiène de vie, le stress, l'exposition aux perturbateurs endocriniens.

Les symptômes à identifier

- Un cycle irrégulier ou une absence totale de règles.
- Des difficultés à concevoir : énormément de personnes sont diagnostiquées SOPK lorsqu'elles essayent de tomber enceintes.
- Une baisse de la libido.
- Une poussée d'acné hormonale.
- Une pilosité importante au niveau du visage ou d'autres parties du corps (ceci est expliqué par un fort taux de testostérone dans le corps).
- L'alopécie : chute des cheveux.
- Des douleurs pelviennes.
- Une prise de poids et/ou une difficulté à perdre du poids (ceci s'explique par la résistance à l'insuline).
- Une fatigue chronique, des insomnies, des apnées du sommeil.
- Des phases dépressives.

Les tips d'Amal contre le SOPK

Contre l'acné

1. Fais une cure de probiotiques.
2. Prends soin de ton foie pour le détoxifier.
3. Pratique une routine skincare très minimaliste : un hydrolat, un savon solide, de l'argile ou une poudre pour te faire des masques, de l'huile essentielle de tea tree à ajouter à ton masque hebdomadaire. Et surtout, laisse ta peau r-e-s-p-i-r-e-r.
4. Utilise un baume de Copahu (cicatrisant) : HE de citron, HE de mandarine que tu peux, selon tes envies, ajouter à ton masque hebdomadaire.

Pour régulariser tes règles

1. Camomille allemande : mimétique des œstrogènes, elle favorise et régularise les règles.
2. Fais infuser une botte de persil frais dans 1,5 litre d'eau bouillante puis laisse refroidir. Bois-en 3 tasses par jour dès le lendemain.

3. Romarin à camphre : emménagogue (aménorrhées, menstruations peu abondantes). Application cutanée.

Contre l'alopécie

1. Gingembre : stimule la pousse de cheveux (est également aphrodisiaque en cas de perte de libido !). Application cutanée.

Contre les autres symptômes du SOPK

1. Un régime anti-inflammatoire peut aider.
2. Une alimentation riche en fibres et un index glycémique bas.
3. Évite les perturbateurs endocriniens (les produits de beauté pharmaceutiques, les tampons, les serviettes périodiques).
4. Tâche de diminuer au maximum les sources de stress dans ta vie.
5. Une activité physique peut changer la vie d'une personne souffrant du SOPK.

L'ENDOMÉTRIOSE

L'endométriose est une maladie chronique. Elle touche 1 femme sur 10. Cela veut dire qu'une femme sur 10 a peut-être déjà dû supporter qu'un·e médecin lui dise que ses douleurs étaient « normales » ou que c'était « dans sa tête », que c'est « normal d'avoir mal au ventre pendant ses règles ». Il faut compter environ dix ans d'errance médicale avant d'être diagnostiqué·e endométriosique. 1 femme sur 10 se tord de douleur pendant ses règles dans le silence de sa chambre. 1 femme sur 10 se sent seule et incomprise.

La première partie du corps touchée est l'endomètre : le tissu qui tapisse l'utérus. Sous l'effet des œstrogènes, au cours du cycle, l'endomètre s'épaissit pour pouvoir accueillir une grossesse. S'il n'y a pas eu de fécondation, l'endomètre se désagrège et saigne : ce sont les fameuses règles. Chez la personne qui a de l'endométriose, des cellules vont se déplacer de manière inhabituelle et migrer vers les trompes. **Le symptôme le plus courant de l'endométriose est la douleur** : règles atrocement douloureuses, douleurs pendant les rapports sexuels, douleurs pelviennes fréquentes, défécation douloureuse, difficulté pour uriner, douleurs lombaires, abdominales, douleurs pelviennes ou lombaires pouvant irradier jusque dans la jambe. Cette douleur n'est pas une dysménorrhée légère — qui passe avec du paracétamol — mais une souffrance physique (et psychologique dans le même temps) extrêmement puissante pouvant devenir insupportable jusqu'à l'évanouissement.

ENDOMÉTRIOSE & SYMPTÔMES

1. *Règles douloureuses et SAIGNEMENTS.*
2. *Infertilité.*
3. *TROUBLES digestifs et urinaires.*
4. *Fatigue chronique.*
5. *Douleurs PELVIENNES et lombaires.*
6. *Dyspareunie.*

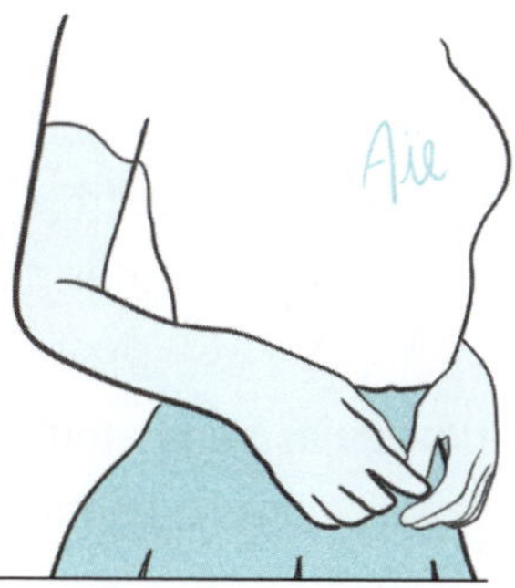

Il n'existe pas, à l'heure actuelle, de traitement définitif pouvant guérir l'endométriose : c'est une maladie chronique. **La chirurgie et l'hormonothérapie peuvent stopper l'évolution de la maladie durant plusieurs mois ou années, selon les cas et les stades de l'endométriose.** L'endométriose est une maladie hormono-dépendante, il convient donc de priver l'organisme de l'hormone qui va nourrir les cellules : l'œstrogène. Aujourd'hui, les spécialistes s'accordent pour dire que le traitement de base consiste à empêcher la survenue des règles. Ainsi, prendre une pilule en continu ou la pose d'un stérilet libérant des hormones permet à certaines personnes de ne plus souffrir et de vivre normalement. Enfin, le traitement peut être chirurgical si les autres solutions provisoires n'ont pas fonctionné.

QUELQUES REMÈDES NATURELS

En cas d'endométriose, le foie n'effectue pas son travail d'élimination : une plante détoxifiante du foie peut être ajoutée dans la routine d'une personne atteinte d'endométriose mais il ne faut pas en abuser. Par exemple, la bardane (*arctium lappa*), sous forme de teinture des racines fraîches : 30 gouttes, 2 fois par jour dans un peu d'eau. De nombreuses autres plantes sont à favoriser également : chardon-marie, pissenlit, fumeterre.

Aussi, il faut stimuler la production de progestérone afin de maintenir les œstrogènes sous contrôle. Je te recommande le gattilier (*vitex agnus-castus*), très efficace. Les doses suggérées : 30 à 60 gouttes de teinture le matin dans un peu d'eau.

Privilégie évidemment une alimentation anti-inflammatoire et riche en fibres (fruits et légumes) afin de créer un effet balayage des xénœstrogènes hors de ton intestin. Consomme des légumes riches en Indole-3-Carbinol, substance naturelle ayant un effet détoxifiant puissant sur le foie et provoquant l'élimination des œstrogènes en excès. Les crucifères, notamment, en contiennent beaucoup (chou, brocoli, choux de Bruxelles, choux-fleurs, etc.).

Tu peux mettre en place une routine pour gérer la douleur, notamment au moment des règles. Une bouillotte peut dépanner pour commencer, mais il existe également des appareils qui soulagent la douleur des règles grâce à l'électrostimulation : renseigne-toi !

Les tips d'Amal en cas d'endométriose

1. Bouge ton corps, notamment pour libérer des endorphines durant l'activité physique et apaiser la douleur.

2. Explore ton cycle et sa puissance pour l'interpréter de mieux en mieux.

3. L'endométriose est une maladie inflammatoire : évite les aliments qui vont venir enflammer ton corps, comme le sucre, par exemple. Évite les aliments qui déséquilibrent tes hormones comme le café, le mauvais gras, les produits laitiers, le soja et les aliments transformés : ils ont un réel impact sur la douleur que tu ressens pendant tes règles. Favorise des aliments qui feront du bien à ton système hormonal : légumes, bon gras comme celui des avocats, protéines, baies et céréales complètes. Favorise le bio et le local si tu en as les moyens, ça peut faire la différence.

LE VAGINISME

J'ai rencontré beaucoup de personnes souffrant de vaginisme, que ce soit au cours de mes stages ou par messages privés sur Instagram. **Ce qui me brise le cœur, c'est que cette maladie est passée sous silence pour la simple et bonne raison que nous vivons dans une société pénétro-centrée qui n'arrive pas à accepter que certaines femmes soient bloquées et ne puissent pas se faire pénétrer… quelle terreur !** Le vaginisme est une pathologie sexuelle qui rend non seulement la pénétration vaginale difficile, mais aussi parfois le fait de faire rentrer un tampon ou une cup menstruelle. Tout cela à cause d'une contraction involontaire du vagin qui empêche la pénétration. Le vaginisme n'empêche pas le sexe en général, mais le sexe vaginal. Car le sexe englobe un milliard de pratiques comme lécher, toucher, embrasser, sucer, etc. L'orgasme et la prise de plaisir sont totalement possibles dans cette vision moins pénétro-centrée de la sexualité.

C'est la pénétration du pénis, d'objets ou parfois de doigts qui provoque une douleur chez la personne sujette au vaginisme. Il existe plusieurs types de vaginisme. **Le vaginisme primaire** prend place dans l'existence de la personne dès le début de sa vie, il peut être causé par un manque d'éducation sexuelle, un blocage ou un sentiment de dégoût envers le sexe. **Le vaginisme secondaire** survient après un évènement : consultation traumatisante chez un·e gynécologue, abus sexuel, expérience sexuelle désastreuse, etc.

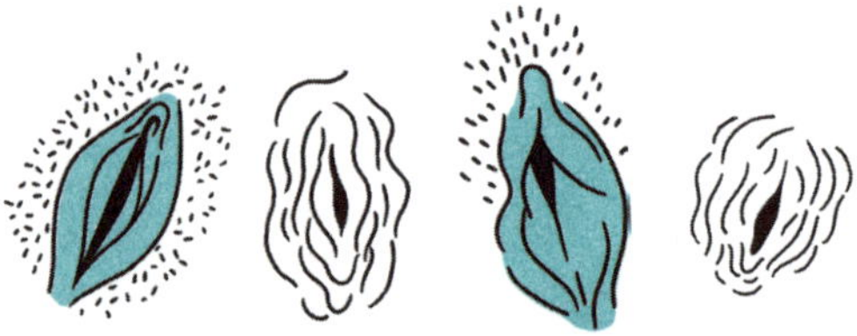

VAGINISME & SYMPTÔMES

- Je n'arrive pas à avoir de PÉNÉTRATION.
- Oh ! Ça fait mal !
- J'arrive à peine à mettre un DOIGT !
- Mais mon vagin est petit, j'en suis sûre.
- PETIT et sombre !

Les traitements pour combattre le vaginisme ont toujours été très difficiles à mettre en place par les professionnel·le·s de santé. Beaucoup d'entre eux·elles ne connaissent pas bien cette pathologie et demeurent confus·es devant le·la patient·e (même manque de connaissance que pour l'endométriose et le SOPK...). Beaucoup préfèrent malheureusement rire au nez de leur patient·e à un moment d'extrême vulnérabilité. Il existe tout de même des professionnel·le·s qui tentent de mettre en place des thérapies, mais généralement assez traditionnelles : suivi par un psychologue, suivi par un kinésithérapeute ou un ostéopathe qui ne connaît pas le vaginisme... donc on ne va pas à la source du problème.

Le vaginisme fait partie de cette famille de pathologies ayant besoin d'un suivi constant, régulier et passionné. Le vaginisme ne se guérit pas avec des médicaments comme certain·e·s peuvent le penser en anesthésiant le vagin à base de médicaments anti-douleur et de calmants. **Pour espérer guérir du vaginisme, il faut aller explorer en profondeur le vécu de la personne en l'entourant de plusieurs professionnel·le·s de santé.** D'abord, un·e gynécologue ou un·e maïeuticien·ne pour les explications sur le corps humain, idéalement un·e avec qui tu te sens à l'aise. Ensuite, un·e coach·e certifié·e pour la guérison du vaginisme (eh oui, j'ai été émue d'apprendre que ça existe !) car il·elle comprend totalement la personne et il·elle sait ce qu'il faut mettre en place pour combattre la maladie. Pour finir, un·e bon·ne kinésithérapeute ou ostéopathe spécialisé·e dans cette pathologie pourra aider à reprendre confiance en soi. Donc oui, tu peux en guérir, mais il faut que tous·tes ces professionnel·le·s se tiennent la main pour t'accompagner jusqu'à ta guérison.

Les 5 clés pour guérir du vaginisme selon la coache Mamen Danty.

« **1 Accepter son vaginisme et sortir du déni**

Certaines femmes atteintes de vaginisme ont du mal à accepter la maladie. Elles vont attendre plusieurs mois, voire des années, avant de consulter pour savoir de quoi elles souffrent. Même lorsque le diagnostic est posé, elles vont être dans le déni en pensant qu'avec le temps, le blocage disparaîtra. Malheureusement, c'est rarement le cas. Avec le temps, le blocage s'installe durablement.

2 Croire en sa guérison

C'est important d'avoir la certitude que l'on va guérir. Lorsque l'on a souffert de vaginisme pendant plusieurs années, il est des fois très difficile de croire que la guérison est possible car elle est à des années-lumière de notre réalité. Mais la bonne nouvelle est que le vaginisme se guérit bien. Ce n'est pas incurable et ce n'est pas non plus une fatalité.

3 Savoir se remettre en question pour changer et évoluer

Le vaginisme n'est pas là par hasard, c'est un symptôme de tout ce qui ne va pas chez la personne qui en est atteinte. Le vaginisme est un signal d'alerte de ton corps qui veut te faire passer un message. Ce message, lorsque tu en prendras conscience, te fera changer, évoluer, grandir. Il te permettra d'être plus aligné·e, de vivre plus en cohérence avec qui tu es, de vivre avec plus de conscience, de sortir de la peur et de remettre l'amour au centre de ta vie. Il va aussi te permettre de revenir aux valeurs essentielles de la vie et t'encourager à ralentir.

4 S'entourer des bonnes personnes

Lorsque l'on souffre de vaginisme, on se sent souvent seul·e, incompris·e. Il est très important de d'avoir à ses côtés des personnes qui nous comprennent, nous soutiennent, nous aident à nous dépasser et rester motivé·e, et dans un état d'esprit positif quant à la guérison. Ces personnes seront des personnes-ressources pour la personne atteinte de vaginisme. Cela fait énormément de bien d'être entouré·e par des personnes capables d'échanger sur ce sujet en toute confiance et sans jugement.

5 L'Amour de Soi

Le vaginisme est souvent l'expression d'un désamour de soi. Il est nécessaire d'apprendre à s'aimer pour guérir du vaginisme. Dans la vie de tous les jours, les personnes atteintes de vaginisme sont dirigées par la peur. Ce vaginisme est aussi là pour leur rappeler de placer l'Amour au centre de leur vie et non la peur. »

SE PROTÉGER DES VIOLENCES OBSTÉTRICALES ET GYNÉCOLOGIQUES[2]

Maintenant que tu connais beaucoup plus de choses sur ton corps, je veux te donner des conseils que je t'invite sincèrement à garder en tête si tu te rends en consultation gynécologique ou obstétricale.

- Ne laisse aucun·e professionnel·le de santé te toucher ou effectuer des gestes médicaux sur ta personne sans te demander ton consentement libre et éclairé.
- Le·la professionnel·le de santé est tenu·e de t'expliquer les procédures qu'il·elle compte mettre en place : te prévenir et t'expliquer exactement ce qu'il va se passer pour éviter tout effet de surprise traumatisant ou contournement du consentement par rétention d'information.
- Si le·la professionnel·le de santé tient des propos déplacés, parle de façon agacée ou n'a pas l'air de t'écouter, te coupe systématiquement la parole... change vite de médecin. Même chose si on ne te prend pas au sérieux et qu'on rit de ta souffrance.
- Si le·la professionnel·le de santé se montre violent·e et brusque, signale-lui impérativement et fuis si il·elle ne change pas de comportement.
- Si le·la professionnel·le de santé ne te propose qu'une seule solution et n'essaye pas de te proposer plusieurs pistes, signale-lui que tu veux étudier toutes tes possibilités.
- Si tu n'as pas un bon feeling, que quelque chose te dérange, tu as absolument le droit de partir comme tu es venu·e : librement.

---

2. Je t'encourage à te procurer *La vérité au bout des lèvres: combattre les violences obstétricales et gynécologiques* de Marine Gabriel pour tout comprendre des VOG et savoir comment réagir.

Et voilà
votre pilule !
Mais, mais…
Oui oui, c'est la
meilleure contraception,
ne commencez pas !

Chapitre 6

LE CHAPITRE QUI FAIT un bien fou !

L'ÈRE DU BODY ET DU FACERESPECT

Je pensais être la seule à avoir le corps que j'ai, à avoir des « défauts » (dixit la société), **je ne me reconnaissais pas du tout dans ce que les réseaux sociaux avaient à me montrer**. Un jour, j'ai pris du recul et quitté cette sphère perturbatrice de schéma corporel en prenant conscience que je croisais quotidiennement dans la rue des tonnes de corps absolument différents les uns des autres... mais surtout différents de ce qu'on nous montre sur les réseaux sociaux ou les panneaux publicitaires photoshopés. **J'ai vu tous ces corps, toute cette richesse, et une partie de moi s'est reconnue dans chacun d'entre eux**. Nous avons tous·tes notre façon de gérer ce problème d'image : ce gouffre qui existe entre le monde de la représentation et notre vie quotidienne, entre des attentes injustes, inaccessibles et notre réalité imparfaite.

Nous sommes tous·tes contraint·e·s de nous créer une boîte à outils du *self-love*. On y met chacun·e les outils que l'on veut : chirurgie, amour, bonnes fréquentations, le fait de prendre un maximum du plaisir, lire, regarder des documentaires, étudier, travailler, passer des caps, , l'activité physique... Pleins d'outils existent et chaque personne choisit les siens. Ma boîte à outils ne sera jamais la tienne, et vice versa. Une chose que nous aurons sans doute en commun dans nos boîtes : notre volonté de nous entourer de personnes qui boostent notre *self-love*. L'être humain ne se suffit pas à lui-même... Bien évidemment, **tu es la personne la plus importante de ta vie** mais pour réellement devenir ta priorité, tu as besoin d'accepter que les autres sont important·e·s et qu'ils·elles peuvent t'apporter quelque chose de précieux. Le chemin du *self-love* est une route à parcourir, il n'est lisse pour personne mais comporte son lot de montées et de descentes. **Maintiens le cap, ne te décourage pas : tout est possible dans cette vie.**

Ce chapitre sera ton meilleur allié à chaque fois que tu ne te sentiras pas bien, que tu auras besoin de reprendre une charge positive de *self-love* pour te détacher du conditionnement de la société ou du regard des autres quand il devient trop pesant. J'ai quelques conseils à te donner pour te réapprivoiser et embrasser ton image.

WELCOME TO OUR SELF-LOVE CLUB !

DÉBARASSE-TOI DE ÇA !

***Facerespect** : aime ton visage, tes traits, ils sont ton histoire. Accepte ta peau, elle ne sera jamais parfaite !*

***Boobs** : si tu en as envie, porte des soutifs, sinon arrête ça ! Fais ce que tes seins aiment. Et… Love your boobs!*

***Ta vulve** : elle est belle. Tes lèvres intérieures et extérieures sont sublimes, elles n'ont pas de normes à suivre.*

***Les pertes blanches** : c'est normal et bon signe !*

***Les poils** : s'ils ne te dérangent pas, garde-les bordel ! Ne pense pas au regard des autres !*

Et… s'il te plaît : fais ce qui te plaît, vivre ta vie selon les désirs des autres est le pire choix que tu puisses faire.

La fin des tabous et du jugement permanent

On parle souvent du *bodypositive* — donc du fait d'accepter son corps et de promouvoir les corps de la vraie vie — mais on oublie souvent la notion de *facerespect*, également essentielle. Je les nomme ainsi car beaucoup de personnes connaissent ces termes mais quitte à évoquer ces notions, je préfère parler de *bodyrespect* et de *facerespect*. En effet, selon moi, l'idée d'avoir un état d'esprit positif envers son physique insinue qu'il y aurait également une forme de *bodynegative* de l'autre côté du spectre, ce qui me semble extrêmement toxique. Je préfère parler de respect parce que **le fait de te respecter est une forme d'amour envers toi-même**. Je milite également en faveur du *facerespect* car on oublie souvent que les complexes prolifèrent également au niveau du visage : forme des yeux, boutons, cicatrices, forme du nez, etc.

Je t'invite à donner du sens à ta vie et à ton corps — notamment à ton visage — tu ne dois en aucun cas laisser les jugements des autres te toucher. **Ton identité est unique, c'est à toi de vivre ta vie selon tes règles**. Cet ouvrage a l'ambition de te .donner des conseils pour te sentir mieux, certainement pas celle de te donner des injonctions pour te faire entrer dans une nouvelle case. Tu es assexuel·le ou parfaitement ininteressé·e par tout ce qui touche au sexe ? C'est OK ! Tu n'as rien à prouver, rien à justifier et pas à t'excuser, tu es parfait·e comme tu es ! Tu n'aimes pas les soins du visage ? Zappe la partie du livre où j'en parle et ne culpabilise surtout pas : tu es libre ! Tu n'aimes pas une partie de ton corps et, malgré tout ce que je te dis ici, tu as envie de te faire refaire les seins ? Fais-le ! D'ailleurs, parlons chirurgie esthétique : je trouve ça génial d'avoir la possibilité d'apporter des changements à son corps, mais encore une fois, c'est comme la perte de poids, si tu ne travailles pas ton mental, tu pourras te faire opérer de la tête aux pieds sans te sentir mieux psychologiquement. Si tu souhaites te faire opérer, conscientise ce choix et **comprends que l'extérieur est aussi une extension de ton monde intérieur** ; il te faut donc guérir des blessures et blocages intérieurs pour accepter ces changements physiques censés te faire te sentir mieux. Un changement physique sans ajustement mental ne suffira pas à faire grandir ton *self-love.*

Fais ce qui te plaît

« Fais ce qui te plaît »... dans tous les domaines de ta relation à ton corps ! Tu as sans doute déjà entendu parler du mouvement *no bra* : pour ou contre le port du soutif ? Comme à mon habitude, je laisse chacun·e choisir, l'important n'est pas de suivre un mouvement pour le principe mais de créer tes propres principes de bien-être. Personne ne sait mieux que toi ce qui te convient le plus ! Déconstruis les injonctions sociétales comme les canons de beauté qu'on nous impose... Ta vulve est belle ! Nombreuses sont les personnes complexées par leur vulve alors que c'est la beauté de la chose : toutes sont différentes et parfaites !

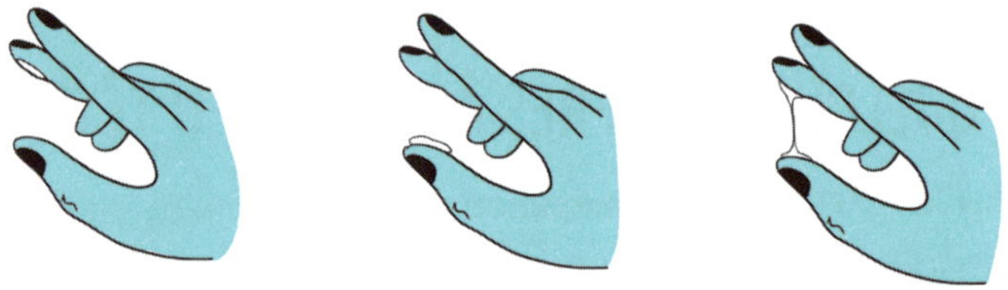

Avant/après les règles — En dehors de l'ovulation — Pendant l'ovulation

Beaucoup de personnes sont, de la même manière, fortement gênées par leurs pertes blanches et elles décident de porter systématiquement des protège-slips alors que cela abîme fortement leur flore vaginale, elles ont horreur de leurs pertes blanches et elles les vivent très mal. Les pertes blanches sont un signe de bonne santé vaginale, accepte-les ! Même chose pour les poils : que tu en aies ou pas, assume ! Tu ne seras pas plus féministe si tu refuses de te raser et tu ne seras pas moins féministe si tu passes obligatoirement par la case épilation. **Sortons des cases, vive la liberté d'être soi !**

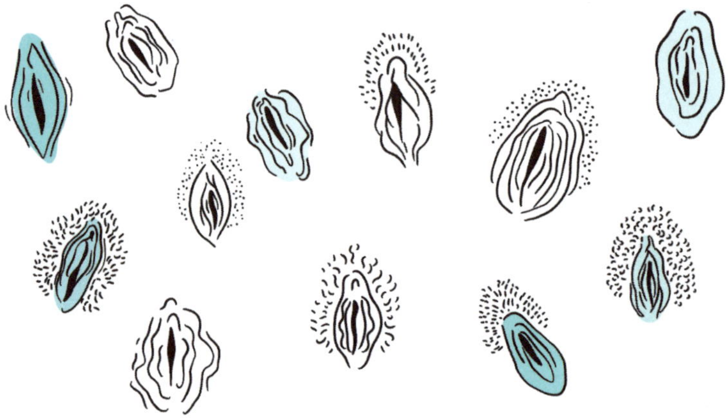

QUELQUES CHIFFRES À GARDER EN TÊTE

- 16 %[3] des maires en France sont des femmes.
- 25 %[4] des jeunes femmes ont peur dans la rue.
- 16,8 %[5] : l'écart salarial dans le privé, estimé par l'Insee, entre la rémunération d'un homme et celle d'une femme, pour un poste similaire à temps complet. En temps partiel, la différence est estimée à 28,5 %.
- 42 %[6] : l'écart entre la pension de retraite d'une femme et celle d'un homme en 2017.
- 73 %[7] des Françaises déclarent accomplir plus de tâches ménagères que leur compagnon, et même « beaucoup plus » dans 44 % des cas.
- 1 femme est tuée (féminicide) tous les 2 jours[8] par un compagnon ou ex-compagnon.
- 1 femme sur 3[9] a déjà subi des violences sexuelles.

---

3. https://www.maire-info.com/upload/files/dgcleluslocaux.pdf.
4. https://madame.lefigaro.fr/societe/francaise-victimes-harcelement-de-rue-etude-ifop-191118-151836.
5. https://www.lesechos.fr/economie-france/social/salaires-hommes-femmes-les-raisons-dune-inegalite-persistante-121651.6
6. https://www.la-retraite-en-clair.fr/retraite-france-monde/systeme-retraite-france-parite/inegalites-hommesfemmes-face-retraite.
7. https://www.rockiemag.com/inegalites-repartition-taches-menageres-637.8
8. https://www.francetvinfo.fr/societe/violences-faites-aux-femmes/une-femme-est-tuee-tous-les-deux-jours-en-france-par-son-conjoint-ou-son-ex-selon-un-nouveau-recensement_3186037.html.
9. https://www.unwomen.org/fr/what-we-do/ending-violence-against-women/facts-and-figures.

- Un cinquième des victimes de viol déclarées porte plainte. Seulement un dixième des plaintes aboutit à une condamnation pour viol[10].

Ah oui, et…

- 97 %[11] des femmes ont de la cellulite.
- 99 % des traitements contre la cellulite ne marchent pas.

Juste pour te redonner une dose de combativité après ces chiffres catastrophiques : on doit se battre contre toutes ces injustices ! Que tu sois blond·e, brun·e, en mini-jupe, avec ou sans poils, avec ou sans religion, quelles que soient ta langue et ta culture, gros·se, maigre… N'accepte plus de ne pas être respecté·e et écouté·e.

---

10. https://www·liberation·fr/checknews/2019/02/08/combien-y-a-t-il-de-viols-chaque-annee-combien-de-plaintes-combien-de-condamnations_1708081
11. https://www·doctissimo·fr/html/sante/mag_2002/sem02/mag0712/dossier/sa_5715_cellulite_periode_feminin·htm#

SORORITÉ

POWER TOGETHER

Women helping Women

Nous connaissons aujourd'hui l'importance des réseaux sociaux dans notre existence et leur influence sur nos vies. J'ai donc listé et posé une question aux **meilleurs comptes Instagram** que vous auriez intérêt à suivre selon moi : ils vous feront du bien, c'est promis ! **Les propriétaires de ces comptes sont exceptionnel·le·s et poussent chacun·e à s'aimer, s'éduquer, à libérer la parole et à lutter contre les inégalités et les injustices auxquelles nous sommes quotidiennement confronté·e·s.** Ces personnes créent des contenus qui m'inspirent personnellement tous les jours tout en me faisant me sentir plus forte. Leurs réponses à mes questions sont superbes et te donneront une idée de leurs champs d'expertise et l'univers bienveillant et instructif que tu découvriras si tu souhaites les suivre !

@lecul_nu

Manon est créatrice de vidéos destinées à perfectionner l'éducation sexuelle.

Pourquoi, selon toi, une éducation sexuelle solide est importante ?

« Une éducation sexuelle positive, réaliste et inclusive, c'est un pas de plus vers une vie plus épanouissante. La difficulté d'accès à des informations sur la sexualité ne permet pas de construire sa propre identité sexuelle, ce qui fait que certain·e·s se retrouvent à reproduire des schémas qui ne leur correspondent pas, au dépit de leur propre bien-être. Pour moi, une éducation sexuelle complète, c'est une porte qui s'ouvre vers la réappropriation de son corps et de son plaisir. Apprenez et jouissez ! »

@lapetitegaby

Gaby est créatrice de contenu sur Instagram & YouTube qui donnent du *power* aux cheveux *curly* !

Pourquoi certain·e·s ont du mal à accepter la nature de leurs cheveux bouclés ?

« Selon moi, c'est purement sociétal : la norme a longtemps été d'avoir des cheveux raides, très lisses et sans volume, toujours "disciplinés" Toutes les publicités nous renvoyaient vers cet "idéal capillaire" comme un but à atteindre. Aujourd'hui, c'est encore trop souvent le cas. Beaucoup de marques en font leur fonds de commerce. Désormais, avec la pluralité de la beauté et la mixité, les codes tendent à se défaire et, désormais, nos boucles sont de plus en plus reconnues ! »

@dina_kdr

Dina est une créatrice digitale sur Instagram et Youtube, elle parle psycho, société, culture, et toujours dans la bonne humeur !

Pourquoi estimes-tu que les « féministes » qui excluent le combat des femmes voilées ont tort dans leur combat ? Est-ce un féminisme non-inclusif selon toi ?

« À travers son héritage colonial et esclavagiste, le féminisme blanc bourgeois ne sert en réalité qu'une minorité de femmes privilégiées. Nous ne voulons pas d'un féminisme qui émancipe une poignée de femmes, tout en en excluant d'autres. La lutte pour la libération des femmes est caduque si elle se réalise sur le dos des femmes racisées. Nous ne voulons pas d'un féminisme qui s'articule sur une politique de pensée unique. L'artiste indigène australienne Lilla Watson disait : "Si vous êtes venus pour m'aider, vous perdez votre temps. Mais si vous êtes venus parce que votre libération est liée à la mienne, alors travaillons ensemble." »

@mybetterself

Louise est créatrice de contenu sur Instagram & YouTube focalisés sur le *self-love* et l'acceptation de soi, elle a créé le hashtag **#onveutduvrai** pour mettre fin à ces fausses images de femmes sur les réseaux.

Quels sont, selon toi, les trois piliers pour réussir à avoir confiance en soi ?

« 1 Réaliser que notre valeur réside ailleurs que dans notre physique. Être heureux·se ne passe pas par le fait d'avoir un physique parfait et s'accomplir ne passe pas par le fait d'essayer d'atteindre un certain idéal physique, comme je l'ai pensé pendant longtemps. Non, s'accomplir, ça passe par le fait de faire ce que l'on aime chaque jour et de s'investir dans des projets qui nous tiennent à cœur, de les voir grandir et évoluer ; c'est ça qui m'a donné confiance en moi.

2 Faire place au positif et ne plus laisser sa place au négatif : que ce soit dans la vraie vie ou sur les réseaux, s'entourer de personnes positives fait toute la différence sur notre état d'esprit.

3 Ne pas chercher la confiance en soi ailleurs qu'en soi-même : ne pas se reposer sur un homme, une femme, un·e parent·e,

un·e proche, quiconque, pour nous donner sa validation. La seule validation dont tu as besoin, c'est la tienne ! La confiance en soi se cherche et se construit en soi, pas en attendant d'exister aux yeux de quelqu'un d'autre. »

@taspensea

Propriétaire d'un compte Instagram dédié a la charge mentale, Coline est la partenaire des couples à égalité !

Quels sont, selon toi, les impacts sur la vie sexuelle d'une femme (ou les signes sur son corps de femme) d'une charge mentale très lourde ?

« La charge mentale, c'est penser et non faire. Ce sont les listes, les rappels et toute l'organisation d'un foyer. Quand une femme souffre d'une surcharge mentale, car il y a un déséquilibre dans le couple, cela peut impacter son sommeil (insomnies, réveils nocturnes...), sa santé physique (migraines, mal de dos, problèmes de digestion...) et sa santé mentale (colères pour une chaussette ou pour un panier de linge), des moments de fortes déprimes et impacter également son désir sexuel. Tout gérer fatigue et ne permet pas de se connecter à son propre corps. »

@balancetonuterus

Dans ce compte dédié, Marine dénonce les violences obstétricales et gynécologiques tout en proposant des solutions pour lutter contre ces dernières.

Pourquoi parler de violences obstétricales et gynécologiques, et pourquoi ne doivent-elles plus passer sous silence ?

« Les VOG ont toujours existé et perdurent encore aujourd'hui, malheureusement. J'en ai vécu moi-même lors de ma grossesse et de mon accouchement en 2018. Suite à cela, j'ai décidé de créer @balancetonuterus pour échanger avec d'autres femmes ayant vécu des choses similaires. Mon compte a pris beaucoup d'ampleur très rapidement et, aujourd'hui, j'ai malheureusement toujours des centaines de témoignages en attente. Les VOG peuvent véritablement détruire une vie. Le traumatisme peut être tellement violent qu'on ne s'en remet jamais vraiment. En parler, dénoncer, oser dire "non", oser dire "stop" est aujourd'hui indispensable pour pour pouvoir se défendre mais aussi défendre les autres femmes qui en souffrent. »

@dearlobbies

Roxane est une créatrice de contenu en faveur de l'écologie.

Peux-tu nous décrire ton combat et son lien avec le féminisme ?

« L'écologie, c'est la base de tout. C'est le respect de la vie dans son ensemble. Notre futur dépendra de notre manière d'appréhender la question et d'agir à la hauteur des enjeux, ou pas. Aurélien Barrau résume très bien la situation : "De très nombreux autres combats sont légitimes. Mais si celui-ci est perdu, aucun ne pourra plus être mené. La convergence des luttes, toutes liées face à une problématique commune — le capitalisme patriarcal et ses dérives — est donc primordiale." »

@biotenaturelle

Créatrice de contenu sur Instagram et bloggeuse lifestyle green, féminisme et véganisme, Aline est également entrepreneuse et a créé une boutique zéro déchets.

Comment t'es-tu débarrassée de cette pression sociale vis-à-vis des poils ?

« J'arrive à la surmonter car je le fais pour moi et pour les autres femmes. Garder mes poils, c'est d'abord la volonté d'apprendre à aimer mon corps tel qu'il est. Pourquoi je devrais détester ces poils, complexer et les enlever alors que c'est OK chez un homme ? Ce qui me donne éagelement de la force face à cette pression sociale, c'est de pouvoir montrer aux femmes (et au reste du monde) qu'il n'y a pas un schéma de corps bien précis et que personne n'a à leur imposer une norme. Je me répète à longueur de temps : "Mon corps, mon choix.", je suis libre d'y faire ce que je veux et personne n'a son mot à dire à part moi-même. À toi de te réapproprier le tien maintenant ! »

@olympe.de.g

Autrice, réalisatrice de films et de podcasts, Olympe se bat pour une représentation de la sexualité féminine sensible, ambitieuse, éthique et créative. Elle réalise des films pornographiques.

Qu'est-ce qu'un BON porno, selon toi ?

« Un porno inclusif qui met en scène des corps de toutes les couleurs, tailles, formes : la beauté est dans la diversité et pas dans la standardisation. Un porno antisexiste et antiraciste qui prend le contre-pied des stéréotypes de genre et de race trop fréquents dans les films X. Un porno décomplexé du cul qui se fout de la performance : pas de scénario phallocentrique, le plaisir est montré comme il est dans la vraie vie, parfois avec pénétration, parfois sans, parfois avec orgasme, et parfois pas ! Un porno éthique qui veille à ce que les conditions de travail soient optimales pour tous ceux·celles qui y contribuent grâce à des salaires équitables et à la présence d'un·e coordinateur·rice d'intimité sur le tournage. Un porno qui donne une vraie place aux femmes : c'est parce que le regard féminin sur le sexe est rare dans cette industrie qu'il est si important. Le porno a besoin d'être aussi écrit et réalisé par des femmes pour évoluer positivement ! Un porno créatif qui prend son genre cinématographique au sérieux et qui refuse d'être tourné au rabais. Le sexe, c'est beau, c'est la vie, et ça mérite d'être filmé avec autant de moyens que n'importe quelle autre histoire. »

@purehumansoul

Chloé est une étudiante en sexologie. Outre son compte Instagram, c'est une youtubeuse spécialisée dans le Psycho-Sexo qui défend un féminisme non-conformiste.

Selon toi, quels sont les trois piliers d'une sexualité épanouie ?

« 1 La connaissance de soi : regarder son corps nu devant un miroir, se masturber, découvrir ses différentes zones érogènes, ce qu'on aime, ce qu'on aime moins, ce qui nous fait jouir.

2 S'aimer : c'est vraiment l'une des bases pour s'épanouir dans sa vie sexuelle car si tu ne t'aimes pas, la personne en face (ou toi-même) ne te traitera pas avec autant d'amour que tu en mériterais.

3. La communication : c'est le pilier pour une sexualité épanouie. Cela signifie dire ce que l'on veut, ce que l'on aime, où l'on souhaite se faire stimuler. Ne pas avoir honte d'avoir des préférences et de demander (dans le consentement mutuel) certaines choses qui nous offrent du plaisir. Pour moi, la sexualité à deux, c'est vraiment donnant-donnant. Il faut venir dans un certain état d'esprit : vouloir donner du plaisir et ne pas être uniquement là pour en recevoir.

Et en dehors de ces piliers, j'encourage surtout à faire ses dépistages IST/MST régulièrement, à chaque prise de risque, entre chaque nouveau partenaire. Même lors d'une relation longue, je recommande de faire un dépistage à deux au moins tous les 3 mois. Cela représente une promesse de fidélité et d'engagement, de sûreté dans sa santé sexuelle et celle des autres. »

@jujulagygy

Dessinatrice sur Instagram, Juju est une gynécologue et obstétricienne engagée.

Les consultations gynécologiques sont souvent source de peur et d'inquiétude pour les femmes. Que leur dire pour les rassurer ?

« D'abord que nous, les soignant·e·s (sages-femmes et gynéco), nous n'avons pas choisi ce métier par hasard, on veut la même chose que toutes les femmes : leur bonne santé. Après, c'est sûr que la consultation gynéco touche à l'intime et peut faire peur : communiquer avec son·sa soignant·e sur le déroulement de la consultation, l'examen, les craintes que l'on peut avoir, c'est le moyen le plus simple de diminuer le stress de la consultation. »

Quel est le meilleur moment pour la première visite ?

« Si on a un symptôme, il n'y a pas de meilleur moment, il faut y aller, c'est tout. Si tout va bien, ça peut être à l'adolescence juste pour parler et regarder son anatomie dans un miroir, pour une première contraception, ou à 25 ans pour le premier frottis... il n'y a pas de règle, c'est quand on en ressent le besoin. »

Quels sont les trois piliers du métier de gynécologue ?

« "Rigueur, Bienveillance, Écoute" Et je me permettrais de rajouter un quatrième : "Passion." On ne peut pas faire ce métier sans passion. »

@orgasme_et_moi

Charline est la créatrice d'un compte Instagram bienveillant pour une sexualité libre et inclusive, elle a créé les #MMM c'est-à-dire les Mecs Meufs Merveilleux.

Pourquoi, selon toi, le mot « préliminaires » ne devrait plus être utilisé dans la sexualité ?

« Selon le dictionnaire Larousse, voici la définition du mot "préliminaires" : "Ce qui précède, annonce quelque chose de principal." Utiliser le mot "préliminaires" dans le cadre sexuel signifie :

1. qu'il y aurait une chronologie obligatoire à respecter (puisqu'on parle de "ce qui précède"), genre un script obligatoire de l'amour/du sexe qui serait : d'abord on va faire ceci, puis on fera cela (au hasard : de la pénétration). Euh... NAN ! Il n'y a pas de script obligatoire, pas plus qu'il n'y a d'ordre imposé ;
2. qu'il y aurait quelque chose de "principal" dans le sexe — aka la pénétration. C'est continuer à faire tourner le sexe autour de

cet unique acte sexuel (héritage d'une sexualité reproductive et patriarcale), alors que le sexe est tellement plus riche, varié et diversifié que la seule pénétration des sexes. Je suggère de remplacer le mot "préliminaires" par l'expression "sexe non pénétratif" (pas besoin de pénétration pour qu'il y ait du sexe), qui inclue : les baisers, les massages et caresses sensuels, le sexe oral (cunni, fellation, 69, etc), les jeux avec des sextoys ou accessoires, les masturbations mutuelles et réciproques, etc. »

@corpscools

Delphine est la créatrice d'un compte Instagram qui parle de grossophobie, de corps, et de normes.

Qu'est-ce que la grossophobie ? Comment impacte-t-elle la vie des concerné·e·s ? Comment y remédier ?

« La grossophobie regroupe les attitudes et les comportements hostiles qui stigmatisent et discriminent les personnes grosses. Mais souvent, je trouve qu'expliquer ce qu'est la lutte contre la grossophobie est plus parlant que sa simple définition. Militer contre la grossophobie, c'est revendiquer le droit de vivre comme tout le monde, avec les mêmes chances, les mêmes droits et la même bienveillance. C'est aussi (et pour moi, c'est très important) le fait de lutter contre une vision validiste et capitaliste des corps où la dignité qu'on leur accorde se mesurerait à leur santé-productivité. Parce qu'elle est systémique, elle impacte tous les aspects de la vie des personnes concernées : body-shaming et difficultés dans la sphère privée, mais aussi discrimination à l'embauche, écart de salaire, mauvaise prise en charge médicale, impossibilité d'accéder à la procréation médicalement assistée, harcèlement ordinaire dans l'espace public, difficulté voire impossibilité de s'habiller en magasin et à prix raisonnable, mobiliers et transports en commun inadaptés. Pour changer nos réalités, il y a, pour moi, deux aspects primordiaux sur lesquels agir.

1. Les représentations et l'inconscient collectif inondés de présomptions nulles sur nos vies : on a besoin de voir plus de gros·ses dans les médias/films/livres/BD/clips et on a besoin de les voir hors du prisme des normes, du patriarcat, du capitalisme, des préjugés… On a besoin de les voir vraiment pour que le monde se mette à les considérer vraiment.
2. Le monde politique, parce que le système actuel (par ses règles, ses choix socio-économiques et son ordre social) produit et renforce la grossophobie. Il faut donc que le système, lui aussi, change. Il faut sanctionner la discrimination à l'embauche, questionner la manière dont est enseignée la médecine des corps gros, rendre obligatoires les tensiomètres adaptés dans les cabinets médicaux, repenser les transports en commun et le mobilier urbain, les rendre accessibles… »

@clitrevolution

Ce compte militant est tenu par Elvire Duvelle-Charles, une féministe activiste. Les trois mots-clés de son compte Instagram sont : féminisme, sexualité et activisme.

Si tu pouvais changer une chose dans le monde, ça serait quoi ?

« Que chaque personne se remette en question, que chacun·e se pose les bonnes questions et repense ses manières d'agir, ses privilèges, que ce soit par rapport à soi-même ou par rapport aux autres. C'est la base, selon moi, de ne pas rester figé·e sur tes opinions et d'avoir la capacité de prendre en compte les expériences et le vécu des autres. »

@romy

Romy est une youtubeuse lifestyle féministe engagée en faveur de l'écologie et contre le harcèlement de rue.

Quels sont, selon toi, les trois piliers pour être bien dans sa peau et dans sa tête ? Y-a-t-il une chose que tu essayes de mettre en place dans ton contenu pour libérer les femmes et les faire se sentir mieux ?

« Apprendre à s'apprécier tel que l'on est, faire des choses qui donnent confiance en soi, comme porter un beau top qui va te faire te sentir bien, celui qui va te faire dire : "je suis fraîche", et s'auto-complimenter (au début, faut un peu se forcer, mais ça fait du bien !). C'est un travail à faire sur toute une vie, je pense. Comme la majorité des personnes, je partage sur mes réseaux le côté le plus positif et beau de ma vie, mes voyages, etc. Depuis quelques années, j'essaie de plus en plus de montrer le côté féministe que j'ai toujours eu : en cassant le tabou des poils sous les bras, car OUI les femmes ont des poils sous les bras (pour celles et ceux qui le découvriraient sûrement ou qui trouveraient ça sale), la cellulite, les cicatrices, les vergetures et SURTOUT montrer qu'il n'y a rien d'alarmant, que c'est notre corps qui parle et qu'il faut apprendre à l'écouter, à l'aimer, à le remercier. »

@kara.bellum

Kara est une coache sportive et nutrionniste sur Instagram.

Parlons féminisme ! On le sait, la musculation est perçue comme un sport masculin, qu'est-ce que ça te fait d'envoyer balader ces injonctions ?

« La musculation est, en effet, de nos jours, toujours une pratique largement perçue comme étant une activité réservée aux hommes alors que, de fait, elle ne l'est plus. Grâce à l'essor du fitness et des réseaux sociaux ces dernières années, la musculation au féminin a néanmoins commencé à se démocratiser. Lorsque j'ai commencé en salle de sport, il est vrai que c'était bien plus rare de croiser une femme sur le plateau muscu. Je m'étais lancée après avoir vu les premières images des athlètes bikini (culturistes féminines) d'alors et je me souviens avoir été impressionnée par des physiques que j'ai perçus comme ultra féminins et forts à la fois. Je n'ai pas vraiment réalisé, à ce moment-là, qu'en devenant culturiste à mon tour, j'envoyais balader des injonctions sociales. C'est aujourd'hui en étant au contact du grand public au quotidien que je réalise que ces injonctions, je ne les ai pas envoyées balader par mon physique mais plutôt par mon attitude dans la vie de tous les jours et en salle de sport. En tant que femme, je ne me questionne jamais sur ma légitimité mais sur ce que je veux vraiment en tant qu'individu pour me donner les moyens d'être celle que je veux être. Voilà pourquoi j'encourage au quotidien les femmes à découvrir cette force que nous avons toutes en nous. Quand on veut, on peut ! »

@auranek

Créatrice de contenu autour de l'éthique, une reflexion profonde sur le monde (adultisme, relations toxiques, violences conjugales, féminisme, etc.)... à elle seule, Aurane est un média complet !

Comment définirais-tu l'hypersensibilité ?

« L'hypersensibilité, c'est l'intensité du vécu, l'intensité des émotions et des sensations. C'est vivre et être au monde d'une manière unique et entière, sans demi-mesure et sans cette froideur à laquelle notre société accorde une place bien trop grande encore. On a tendance à croire que le détachement est synonyme de force. Ne pas pleurer serait être fort·e. Ne pas montrer ses émotions serait le signe d'un grand *self-control*. Finalement, l'émotion est associée au puéril dans bien des esprits. En réalité, il faut plus de courage pour vivre pleinement que pour vivre coupé·e d'une partie de soi. La vulnérabilité a été si longtemps considérée comme de la faiblesse qu'aujourd'hui, nous avons relégué l'émotion au second plan, en lui préférant l'intellect. Le plus intéressant, cependant, c'est de faire cohabiter ces deux parts de nous-mêmes et de les faire travailler, ensemble.»

@sexplorer_podcast

Sexplorer est un podcast couplé à une page Instagram entièrement dédiés au sexe... sous toutes ses formes !

Peux-tu nous citer trois choses que tu as apprises sur la sexualité grâce a ton podcast ?

« On manque cruellement d'éducation sexuelle. Ce manque d'éducation cause énormément de dégâts, parfois très graves : sur la question du consentement, de la confiance en soi, etc. On a TOUS·TES nos soucis sexuels : difficulté à atteindre l'orgasme, éjaculation précoce, difficulté à bander, traumatismes sexuels, difficulté à communiquer dans son couple, douleurs, sentiment de culpabilité, addiction au porno... Si tu penses que tu es seul·e à avoir un problème ou un blocage, ce n'est pas le cas ! Il n'y a pas une bonne façon de faire du sexe. Une personne peut adorer une pratique qu'une autre peut détester, tout ce que l'on peut faire, c'est être à l'écoute de nos corps, de nos désirs et de ceux de nos partenaires. Lorsque c'est fait dans le respect, la légalité et le consentement, tout est possible et les possibilités sont infinies ! »

@labelleboucle

Créatrice de contenus autour des cheveux bouclés et à la tête d'un e-shop entièrement dédié à ce type de cheveux, elle est aussi l'instigatrice du mouvement « décomplexée de la boucle » qui a changé la vie de milliers de personnes aux cheveux bouclés !

Tu as lancé le mouvement « décomplexée de la boucle » ; tu penses qu'il y a un complexe ancré autour des cheveux bouclés ?

« Je pense qu'il y a une réelle ignorance de la société vis-à-vis des cheveux à textures. Que ce soit dans les médias ou chez les professionnel·le·s de la coiffure, les cheveux bouclés sont généralement considérés comme "difficiles", "indisciplinés" ou "rebelles" et toujours définis comme "secs" ou "abîmés". Ainsi, la solution proposée est toujours le lissage ou le défrisage pour que les cheveux paraissent en meilleure santé. Donc, dans la tête des femmes, cheveux lisses = cheveux doux et en bonne santé. C'est terrible. Sans oublier le manque de représentation de cheveux à textures dans les médias ou chez les célébrités. C'est cela qui a créé un complexe autour des cheveux bouclés et frisés. Alors qu'en réalité, il suffit d'utiliser les bons produits et d'appliquer les bons gestes pour obtenir des cheveux bouclés en parfaite santé, doux, brillants et rebondis !

J'utilise donc le mot "décomplexée" car je le trouve fort et bien approprié à la situation : le fait d'envoyer balader les idées reçues et les normes sociétales pour commencer à célébrer sa vraie nature et à s'aimer au naturel. Beaucoup de femmes que j'accompagne dans la transition naturelle me disent avoir plus confiance en elles grâce à leurs cheveux bouclés naturels et cela les aide ensuite à s'aimer entièrement au naturel (corps, peau, visage, etc.).

Vive les décomplexées de la boucle et vive les cheveux libres ! »

Après ces questions/réponses passionnants, je conclus ce chapitre par une mention des autres comptes inspirants que je t'invite à suivre !

- **@princesseperinee** : la queen du périnée, des conseils en or pour ce muscle si important.
- **@chere.endometriose** : un compte éducatif, rassurant et positif sur l'endométriose !
- **@jesuisvoileeet** : un compte superbe pour les personnes qui portent le voile, ce compte récolte des témoignages importants.
- **@annatoumazoff** : une militante avec une sacrée paire d'ovaires.
- **@toutenuedanslarue** : un compte que j'ai co-créé avec **@wnstz** et **@annatoumazoff** contre le harcèlement de rue.
- **@aventures_en_orgasmie** : un compte enrichissant sur la sexualité et des tutos superbes.
- **@gala·avz** : une créatrice de contenus éducatifs autour du féminisme et créatrice du compte engagé **@sorcieretamere**.
- **@feministangst** : un compte éducatif autour de la communauté LGBTQ+.
- **@sororcircles** : un compte bienveillant et libérateur pour les personnes hypersensibles.
- **@barbarabutch** : une *fat* activiste qui se bat pour la visibilité des personnes grosses dans les médias et dans la société en général.
- **@payetonace** : un compte superbe pour la visibilité des personnes asexuelles.

- @aggressively_trans : un compte géré par une superbe femme en faveur des droits et de la visibilité des personnes trans et/ou non binaires.
- @touchepasamesboobs : un compte qui lève les tabous autour des seins, ça fait un bien fou !
- @mydearvagina : un superbe projet porté par Laura Stromboni mettant en scène, de manière créative, la vulve et les représentations de celle-ci sous toutes ses formes !
- @jeneveuxpasdenfant : un compte porté par Bettina Zourli qui combat la pression sociale autour de l'impératif de vouloir/avoir des enfants et qui met en avant le choix « childfree ».
- @lilyfairly : Mélanie, mediactiviste intersectionnelle, nous parle d'écologie et de féminisme.
- @mariebongars : une féministe très pédagogue qui décortique l'actu et les phénomènes de societé. Elle est également la créatrice du podcast féministe qui raconte les femmes oubliées de l'Histoire : *Une sacrée paire d'ovaires !* (@unesacreepairedovaires)
- @jouissance.club : évidemment, fonce découvrir ce compte tenu par Jüne Plā, une militante féministe, illustratrice exceptionelle, qui t'apprend des tonnes de pratiques sexuelles inclusives et bienveillantes. Elle a réuni ce contenu dans un super livre, *Jouissance Club*, et je remercie Jüne de préfacer le mien, ça signifie beaucoup pour moi !

J'espère t'avoir donné envie d'aller découvrir ces pépites de comptes !

LE MOT DE LA FIN

Waw… On a parcouru une jolie route ensemble ! Merci de m'avoir accordé ta confiance, tu t'es ouvert·e à moi sans même t'en rendre compte. J'espère que ce livre sera un nouvel outil dans ta boîte à outils *self-love* et qu'il t'aidera désormais à t'assumer et à t'aimer passionnément, sans limites. Fais-toi l'amour et, s'il-te-plaît, fous-toi la paix. Vis, danse, rigole, apprends, éduque-toi, jouis, pleure, effondre-toi, relève-toi et jouis encore plus fort. La vie est bien trop courte pour simuler un orgasme ou une personnalité donc sois toi-même ! Assume tes opinions, tes valeurs, change-les si tu évolues ou si tu expérimentes un éveil de conscience. Apprends et apprends encore, sans jamais t'arrêter. Nourris-toi de ce que tu aimes. Profite de la décharge de *self-love* que tu as (je l'espère) reçue dans mon livre pour t'en servir dans ta vie quotidienne. J'espère également que tu trouveras l'épanouissement dans ta sexualité, quelle qu'elle soit, puisse-t-elle être bienveillante, positive et heureuse. Bye, ma lune, et n'hésite pas à me donner ton avis sur le livre sur Instagram !

Ta lune pref

me

LES BADASS ILLUSTRATRICES DU LIVRE

Marina Brunel a créé Alony Digital afin d'accompagner les entrepreneur·euse·s et créateur·rice·s de contenus dans leur digitalisation. Elle est passionnée par le digital, les réseaux sociaux mais aussi le graphisme. Elle propose des accompagnements réseaux sociaux, des illustrations mais aussi la création de sites internet.

Vous retrouverez son travail ici !

alonydigital

www.alonydigital.com

Et vous pouvez la contacter là !

contact@alonydigital.fr

Charlotte Thomas est une directrice artistique talentueuse et une illustratrice passionnée. Elle a réalisé une maquette sur-mesure ainsi que certaines illustrations pour ce nouveau titre de la collection Les Conquérantes !

Vous retrouverez son univers ici !

chathoma

MES REMERCIEMENTS

Katia Kaloun

Katia, la *queen* de l'édition pour moi... je ne veux rien entendre ! Tu m'as épaulée, soutenue, cru en moi et tu as donné vie à ce livre. Tu as été présente dans les fou-rires, mais surtout dans mes montées de stress. Tu t'en souviendras, de mes ascenseurs émotionnels ! Merci, merci d'avoir cru en ce premier livre. Merci de croire en toi, car c'est en croyant en toi et en faisant confiance à tes talents dans l'édition que tu as su me mettre sur la bonne voie. Merci d'avoir trouvé le titre du livre, merci d'avoir été une éditrice magique, lunaire, sublime. Je pense sincèrement que je ne t'oublierai jamais, tu as cru en mon rêve de petite fille et je croirai en toi tous les jours.

Marina Brunel

« Merci » n'est pas un mot suffisant pour te partager ma gratitude. Tu es mon bras droit dans le chemin d'Inside Women, tu vis tout avec moi : mes stress, la pression des réseaux, la vie. Et tu as vécu ce livre avec moi, tu l'as vu quand il n'y avait qu'un titre sur une page Word et aujourd'hui, tu le tiens entre tes mains. Tu es une femme qui dirige sa propre boîte dans le digital, qui s'est lancée dans le dessin par passion et qui devient pour moi l'une des meilleures graphistes, tu traduis ce que je ressens avec des dessins et des visuels uniques. Tu me permets de m'exprimer. Merci de me soutenir quotidiennement et d'avoir mis du tien pour que ce livre soit le plus parlant possible.

Charlotte

Une femme tellement talentueuse, j'ai rarement été aussi impressionnée par un travail aussi beau en termes d'illustrations. La couverture du livre, on en parle ? On en a vécu, des galères, avec cette couverture, mais quand j'ai ouvert ce fameux dernier e-mail j'en ai eu des frissons. Je l'aime tellement, cette couv, et toutes les illustrations du livre. T'es douée, meuf, tu as un talent fou alors merci de l'avoir employé dans mon livre.

Édouard, directeur des éditions Kiwi

Merci pour ce premier rendez-vous, merci de m'avoir comprise, de m'avoir permis de m'exprimer sans limite et d'avoir cru en moi.

Mes parents et mon petit frère

Papa. Maman. Je vous remercie déjà de m'avoir éduquée avec cette ouverture d'esprit, cette bienveillance et... ce caractère bien trempé ! Vous m'avez vue prendre un chemin sur les réseaux sociaux, un chemin qui vous faisait peur et qui vous inquiétait mais ce livre, c'était comme une évidence pour vous. Vous m'avez tellement vue le nez dans mes bouquins, fascinée devant des couvertures, que quand vous avez su que j'écrivais MON PROPRE LIVRE, vous avez vécu mon bonheur immense avec moi. J'ai toujours pu compter sur vous pour me soutenir, alors merci. Et toi, mon petit frère, même si le rôle d'une grande sœur est aussi parfois d'être un peu diabolique, sache que tu restes mon petit ange.

Louise C.

Merci à ma meilleure amie dans la vie, ma partenaire éternelle. Donner vie à ce livre n'aurait jamais été possible si des personnes comme toi n'avaient pas cru en moi, ne m'avaient pas soutenu dans mes nuits blanches, mes peurs, mon envie de tout arrêter. Merci d'être ma partenaire de vie, tu es l'une des plus belles choses qui me soit arrivée. Ma gémeaux pref.

Moi-même

Bah ouais, si vous ne vous attendiez pas au fait que je me remercie, il faut relire le livre, haha !!! Bien sûr que je me remercie : pour mes pleurs, pour mes nuits blanches, pour la force de ne jamais avoir abandonné.

Aux personnes qui ont pas cru en moi

Ah oui, à toutes les personnes qui n'ont pas cru en moi, qui m'ont harcelée a l'école ou encore rabaissée et autres joyeuseries... Merci, vraiment. Grâce à vous, je me sens tellement forte, tellement puissante et j'ai tellement appris sur moi... notamment à ne jamais baisser les bras.

À toutes mes lunes : si des gens ne croient pas en vous... prouvez-leur le contraire !

LETTRE À MON CORPS

Cher corps, je suis désolée.

Je suis désolée d'avoir voulu te couper, te radier de ma vie. Je suis désolée de t'avoir dénigré, comparé, tu détestais ça autant que je déteste qu'on me réveille tôt le matin… Pourtant, je passais mes journées à regarder les autres en me disant que leurs corps étaient mieux que le mien. Je suis désolée d'avoir cru que c'était toi, le problème, alors que ce sont les marques qui ne veulent pas que tu sois à l'aise dans un jean.

Je suis désolée de t'avoir critiqué, jusqu'à te rendre allergique aux miroirs. Honnêtement, je ne sais pas pourquoi je t'ai fait vivre tout ça alors que toi, tu voulais simplement voyager…

Voyager d'amour, d'amitié, de rires, de pleurs, de pays lointains. Tu étais là pour m'accompagner et moi, je te cachais, j'avais honte de toi.

J'ai déposé des pansements sur ta peau écorchée, j'espère vraiment que tu vas mieux, parce que ton ami cerveau est fier de toi, je te le garantis, et moi aussi je suis fière de toi.

Et je t'assume.

Et je t'estime.

Et je te respecte.

N'oublie jamais que je t'aime.

Amal

me

Mes notes

Mes notes

Mes notes

Mes notes

Dépôt légal : septembre 2020
Achevé d'imprimer en France par
La Nouvelle Imprimerie Laballery en août 2020.
N° d'impression : 008209